T0128069

essentials

essentials liefern aktuelles Wissen in konzentrierter Form. Die Essenz dessen, worauf es als „State-of-the-Art" in der gegenwärtigen Fachdiskussion oder in der Praxis ankommt. *essentials* informieren schnell, unkompliziert und verständlich

- als Einführung in ein aktuelles Thema aus Ihrem Fachgebiet
- als Einstieg in ein für Sie noch unbekanntes Themenfeld
- als Einblick, um zum Thema mitreden zu können

Die Bücher in elektronischer und gedruckter Form bringen das Expertenwissen von Springer-Fachautoren kompakt zur Darstellung. Sie sind besonders für die Nutzung als eBook auf Tablet-PCs, eBook-Readern und Smartphones geeignet. *essentials:* Wissensbausteine aus den Wirtschafts-, Sozial- und Geisteswissenschaften, aus Technik und Naturwissenschaften sowie aus Medizin, Psychologie und Gesundheitsberufen. Von renommierten Autoren aller Springer-Verlagsmarken.

Weitere Bände in der Reihe http://www.springer.com/series/13088

Thomas Liebetruth · Lisa Merkl

Routenzugplanung

Ein Fallbeispiel

Thomas Liebetruth
Fakultät Betriebswirtschaft
OTH Regensburg
Regensburg, Deutschland

Lisa Merkl
OTH Regensburg
Regensburg, Deutschland

ISSN 2197-6708　　　　　　　ISSN 2197-6716　(electronic)
essentials
ISBN 978-3-658-22198-0　　　ISBN 978-3-658-22199-7　(eBook)
https://doi.org/10.1007/978-3-658-22199-7

Die Deutsche Nationalbibliothek verzeichnet diese Publikation in der Deutschen Nationalbibliografie; detaillierte bibliografische Daten sind im Internet über http://dnb.d-nb.de abrufbar.

Springer Gabler
© Springer Fachmedien Wiesbaden GmbH, ein Teil von Springer Nature 2018

Gedruckt auf säurefreiem und chlorfrei gebleichtem Papier

Springer Gabler ist ein Imprint der eingetragenen Gesellschaft Springer Fachmedien Wiesbaden GmbH und ist ein Teil von Springer Nature
Die Anschrift der Gesellschaft ist: Abraham-Lincoln-Str. 46, 65189 Wiesbaden, Germany

Was Sie in diesem *essential* finden können

- Routenzugeinsatz in der Praxis (Gestaltungsfelder und -möglichkeiten)
- Grundlagen der Routenzugplanung
- Dimensionierung und Berechnung der Routenzugversorgung anhand eines praxisnahen Beispiels

Vorwort

Routenzüge sind zum Standard in der innerbetrieblichen Materialversorgung geworden. Die Literatur bietet aber derzeit nur in relativ geringem Maße Vorgehensweisen und Handlungsleitfäden zur Planung von Routenzugsystemen. Aus diesem Grund behandelt dieses *essential* die Planung von Routenzugsystemen und vertieft diese mithilfe eines Fallbeispiels zur Auslegung eines Routenzugsystems.

Das *essential* dient dem Leser dazu, in der Kürze einen Einblick in die Routenzugplanung zu erlangen und diesen anhand des Beispiels zu vertiefen.

Prof. Dr. Thomas Liebetruth
Lisa Merkl

Einleitung

Die Idee, eine schlanke Produktion zu schaffen, ging anfänglich aus dem Toyota-Produktionssystem (TPS) hervor. Das Ziel dabei ist es, höchste Qualität, minimale Durchlaufzeit und maximale Effizienz anzustreben. Geringere Bestände und eine Optimierung des Personaleinsatzes sowie der Fabrikflächen haben eine Steigerung der Wettbewerbsfähigkeit zur Folge.[1] Um diese Ziele zur Verschlankung der Unternehmensprozesse zu erreichen, ist eine hochfrequente Materialanlieferung, wie sie Routenzüge ermöglichen, ein nicht mehr wegzudenkendes Instrument und wird auch rege in der Praxis eingesetzt.

Häufig erfolgt die Planung jedoch intuitiv und es werden Effizienzpotenziale auf dem Fahrweg liegen gelassen. Ebenso liegen in einigen Fällen „Brownfield"-Planungsfälle vor. Also solche Fälle in denen bereits Routenzugversorgungen existieren und zusätzliche Anlagen in ein bestehendes Routenzugsystem integriert werden sollen.

Deshalb ist es für die Planung dieser Systeme empfehlenswert, von der Analyse der Rahmenbedingungen ausgehend eine Dimensionierung und Operationalisierung vorzunehmen, um das Konzept schließlich verschwendungsfrei zu implementieren. Durch die Anwendung der vorgestellten Routenzugplanung können auch Entscheidungen über den Einsatz von Routenzügen unterstützt werden und zukünftige Kapazitätsanpassungen bestehender Systeme besser dimensioniert werden.

In diesem Essential werden zunächst Grundlagen von Routenzugsystemen zusammengefasst und diese im Anschluss anhand eines an ein reales Projekt

---

[1]Vgl. Günthner und Boppert (2013, S. 28); Brunner (2014, S. 61).

angelehnten konkreten Beispiels veranschaulicht. Ein Ausblick auf innovative technologische Möglichkeiten in Zusammenhang mit Routenzügen gibt einen Einblick, wie diese Transportmittel im Rahmen von Industrie-4.0-Vorhaben eingesetzt werden können. Technische Aspekte werden nur am Rande behandelt. Der Schwerpunkt liegt auf den planerischen Aspekten.

Inhaltsverzeichnis

Abkürzungsverzeichnis

AKL	Automatisches Kleinteilelager
ERP	Enterprise Resource Planning
FTF	Fahrerloses Transportfahrzeug
FTS	Fahrerloses Transportsystem
GLT	Großladungsträger
KLT	Kleinladungsträger
KVP	Kontinuierlicher Verbesserungsprozess
OEE	Overall Equipment Effectiveness; Gesamtanlageneffektivität
RZ	Routenzug
SLA	Service Level Agreement; Dienstgütevereinbarung
SPS	Speicherprogrammierbare Steuerung
TPS	Toyota-Produktionssystem
WBZ	Wiederbeschaffungszeit
ZZ	Zykluszeit

Grundlagen und Einordnung von Routenzugsystemen zur Materialversorgung

Transportsysteme unterliegen im Rahmen der Verbreitung einer „schlanken Fabrik" grundlegenden Veränderungen. Der innerbetriebliche Transport soll den Fluss der Materialien im Takt der Produktion unterstützen.[1] Somit treten zum Teil klassische Transportsysteme wie Stapler in den Hintergrund und werden durch Routenzüge als Standardkonzept verdrängt, wenn auch sicherlich noch nicht komplett ersetzt. Durch die flexible Bereitstellung mit kleinen Losgrößen und in hoher Frequenz ermöglichen sie es, die Voraussetzungen für ganzheitliche Produktionssysteme im Zusammenspiel mit Industrie 4.0 zu schaffen.[2]

1.1 Elemente und Einsatzbereiche von Routenzugsystemen

Ein Routenzug ist ein Transportkonzept zur Bereitstellung verschiedener Materialien an unterschiedlichen Orten. Dazu fährt der Routenzug eine Tour mit einer meist festgelegten Route und einem definierten Fahrplan oder Takt. Oftmals wird dieses Konzept deshalb mit dem des Personennahverkehrs verglichen. Ein oder mehrere Routenzüge beliefern Materialsenken in der Regel von einer Materialquelle aus.

Das System des Routenzugs beschreibt das Zusammenspiel aus einer Zugmaschine und mehreren Anhängern. Es besteht meist aus einem (aktuell hauptsächlich noch manuell gesteuerten) Schleppfahrzeug, an das verschiedene

---

[1]Vgl. Günthner und Keuntje (2016, S. 16).

[2]Vgl. Keuntje et al. (2016, S. 32).

© Springer Fachmedien Wiesbaden GmbH, ein Teil von Springer Nature 2018
T. Liebetruth und L. Merkl, *Routenzugplanung,* essentials,
https://doi.org/10.1007/978-3-658-22199-7_1

Quelle (Q)
- Entgegennehmen Auftrag
- Kommissionieren (ggf. Umpacken)
- Zusammen- und Bereitstellen Zug

Senken Verbauorte (S1-S4)
jeweils
- Abladen und Bereitstellen Vollgut
- Aufladen Leergut
- Buchen

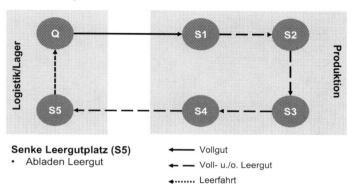

Senke Leergutplatz (S5)
- Abladen Leergut

◄─────── Vollgut
◄─ ─ Voll- u./o. Leergut
◄········ Leerfahrt

Abb. 1.1   Quelle-Senken-Modell

Typen von Anhängermodulen, die oftmals als „Frames" bezeichnet werden, gekoppelt sind.[3] In der Literatur und Industrie sind hierfür analog auch folgende Bezeichnungen üblich: Logistikbus – da ein getaktetes System dem Bus-System des öffentlichen Nahverkehrs nachempfunden ist –, Schleppzug, werksinterner Milk-Run oder im englischen tugger train, tow train oder in-plant milk-run.[4]

In Abb. 1.1 ist das Grundmodell eines Routenzugversorgungssystems dargestellt. Im Lager bzw. in der Logistik (Bahnhof, Senke) werden zunächst die Materialien in Behältern für den Routenzug bereitgestellt. Der Routenzugbahnhof stellt also die Materialquelle dar, an der auch die Anhänger des Routenzugs beladen werden. Anschließend werden diese auf dem Fahrweg, also der Route, in die Produktion gefahren, wo der Routenzug bzw. der Fahrer an den Haltepunkten die Behälter an die Bereitstellorte (Senken) bringt. Diese können Stellplätze auf definierten Bodenflächen (GLT) oder in Regalen (KLT) sein. Dort wird ggf.

---

[3]Vgl. Günthner et al. (2012, S. 15); Schneider (2016, S. 191).
[4]Vgl. Dewitz et al. (2014); Günthner et al. (2012, S. 16); Schneider (2016, S. 188); VDI-Gesellschaft Produktion und Logistik (GPL) (2016).

auch das Leergut eingesammelt, das schließlich an den Leergutsammelplatz gebracht wird. In den Kreislauf integriert sind auch Steuerung und administrative Tätigkeiten wie die Entgegennahme der Aufträge und das Buchen nach Ablieferung. Auf dem Fahrweg können, wenn nötig, auch mehrere Routenzüge fahren. An den Bereitstellorten sind jeweils Haltestellen für den Routenzug vorgesehen. Unter einer Tour versteht man eine Fahrt des Routenzugs auf der Route. Die Taktzeit stellt einen regelmäßigen Zyklus dar, in dem ein Routenzug auf der Route verkehrt, und somit die Zeitspanne, in der der Routenzug an einem Bereitstellort vorbeikommt. Ein Routenzugsystem muss allerdings nicht zwingend nach einem festgelegten Takt funktionieren.[5]

Um insbesondere im häufigen Umgang mit großen Lasten eine ergonomische Arbeitsweise sicherzustellen, sollen auch Hilfsmittel als Unterstützung der Handhabungstätigkeiten in Betracht gezogen werden. Die gängigen empfohlenen Werte der Maximalgewichte sind für Kleinladungsträger (KLT) 15 kg und für Großladungsträger (GLT) 1000 kg.[6] Diese Werte sollten zum Schutz der Mitarbeiter eingehalten und bei Nichterfüllung angepasst werden. Beispielsweise kann eine Messung der Belastung und deren Frequenz mit dem Arbeitsanalyseverfahren der Leitmerkmalmethode (LMM)[7] bewertet werden.[8]

Routenzüge können gegenüber dem klassischen Gabelstapler mit einigen Vorteilen aufwarten. Zu nennen sind zunächst die höhere Transportkapazität pro Fahrt und die Verbesserung der Prozesssicherheit. Ein Routenzug kann im Vergleich zu einem Hubstapler pro Fahrt vier oder bis zu fünf GLT transportieren und somit Transporte bündeln. Ein herkömmlicher Stapler schafft dabei nur maximal zwei GLT.[9] Gleichzeitig ermöglichen Routenzüge eine hochfrequente, gleichmäßige und sichere Versorgung. Dieses Ziel wird bei steigenden Variantenanzahlen und begrenzten Flächen immer wichtiger. Erreicht wird das bei Routenzügen neben der Bereitstellung in möglichst kleinen Einheiten durch kurze Vorsteuerzeiten und Wiederbeschaffungszeiten (WBZ). Durch die erhöhte Lieferfrequenz kann der Bestand in der Produktion häufig auch deutlich reduziert werden. Zudem kann für den Kundenprozess eine hohe Versorgungssicherheit gewährleistet werden, was durch stabile Prozesse und durch eine getaktete

---

[5]Vgl. Günthner et al. (2012, S. 16 f.).

[6]Vgl. Günthner et al. (2012, S. 83).

[7]Leitmerkmalmethode: Methode zur praxisgerechten Beurteilung der Belastungen im Hand-Arm-Schulter-Bereich; Steinberg et al. (2007).

[8]Vgl. Günthner et al. (2012, S. 8, 83); Günthner (2013, S. 99).

[9]Vgl. Verkehr Defacto (2016).

Materialversorgung unterstützt werden kann.[10] Zudem eignet sich ein Routenzug auch dann, wenn häufig eine hohe Anzahl an Materialien von verschiedenen Orten abtransportiert werden muss. Dies ist beispielsweise bei Fertigwaren der Fall.[11] Als weiterer Vorteil eines Routenzugs sind noch die durch geringeres Verkehrsaufkommen verringert genutzten Flächen sowie die reduzierte Unfallgefahr zu nennen. Nicht selten geben viele Unternehmen deshalb das Ziel einer staplerfreien Fabrik aus.[12]

Jedoch sind Routenzüge nicht immer von Vorteil. Wenn zu große Bedarfsschwankungen zu erwarten sind, können Routenzüge das nicht abbilden. Ebenso kommen die Vorteile von Routenzügen bei kurzen Transportstrecken und großen Losgrößen (und damit niedrigen Anforderungen an die Versorgungsfrequenz) nicht voll zur Geltung. Ebenso eignen sich Routenzüge bei großen Behältern nur bedingt, da pro Fahrt nicht so viele Behälter transportiert werden können wie bei beispielsweise Kleinladungsträgern. Weitere Restriktionen im Einsatz sind ausreichend große Rangierflächen. Zudem muss berücksichtigt werden, dass ein Routenzug meist nicht rückwärtsfahren kann, ein manuelles Handhaben von sehr schweren Behältern nicht möglich ist und bei unerwarteten Dringteilen die Reaktionsfähigkeit womöglich nicht ausreicht.[13]

Sinnvolle Einsatzbereiche von Routenzugsystemen gegenüber dem Transport mit Staplern liegen also vor, wenn längere Transportstrecken zu fahren sind, da sich dabei der höhere Handhabungsaufwand gegenüber der höheren Transportkapazität minimiert. Der Routenzug eignet sich besonders bei kleinen Teilen bzw. Behältern und er ist am rentabelsten bei mittleren bis großen Entfernungen zwischen Senken und Quellen sowie ab einer Transportstrecke von 300 m wirtschaftlicher als ein Stapler.[14]

Um eine Entscheidung zu treffen, wo und inwiefern ein Routenzug sinnvoll ist, kann der Entscheidungsbaum nach Abb. 1.2 eine Hilfestellung bieten.

---

[10]Vgl. Günthner et al. (2012, S. 26).

[11]Vgl. Günthner et al. (2012, S. 12 f.).

[12]Vgl. Günthner et al. (2012, S. 12); Günthner und Boppert (2013, S. 183, 217).

[13]Vgl. Barck (2016); Liebetruth (2015, S. 17); Günthner et al. (2012, S. 8, 11 f., 61); Günthner und Keuntje (2016, S. 14, 28); Seebauer (2011).

[14]Vgl. Koether (2011, S. 298); Liebetruth (2015, S. 2).

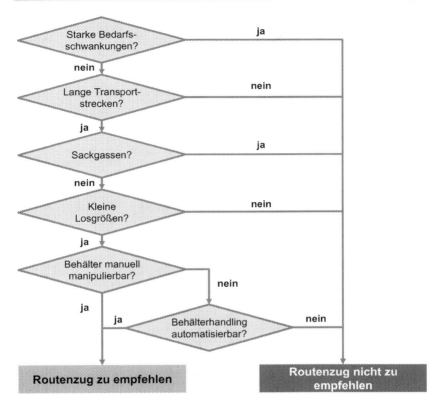

Abb. 1.2 Entscheidungsbaum zum Einsatz eines Routenzugs

1.2 Gestaltungsmöglichkeiten von Routenzugsystemen

Ist der Routenzugeinsatz für einen Anwendungsfall prinzipiell empfohlen, können aus den Gestaltungsmöglichkeiten für Routenzugprozesse einzelne Strategien ausgewählt und miteinander kombiniert werden.

Die Anwendungsfälle von Routenzugsystemen sind vielfältig. Es gibt allerdings verschiedene Gestaltungsmöglichkeiten, wie auf verschiedene Rahmenbedingungen reagiert werden kann, um die Anforderungen abzudecken. Tab. 1.1 zeigt verschiedene Kombinationsmöglichkeiten, wie und wann Routen festgelegt

Tab. 1.1 Gestaltungsmöglichkeiten von Routenzugsystemen. (In Anlehnung an: Günthner 2013, S. 101)

Transportverknüpfungsarten	1:n	m:1	m:n
Route	Fix	Frei wählbar	Dynamisch geplant
Routenzugsteuerung	Getaktet	Auslastungsorientiert (mit Zeitbeschränkung)	Permanent
Beladestrategie	Sortiert	Fixe Anordnung	Unsortiert
Integration Beladung	Vorgepuffert durch Kommissionierer		Als Teil der Tour durch Routenzugfahrer
Integration Leergutprozess	1:1-Tausch	Mitnahme auf Sicht	Separater Leergutprozess

und gesteuert und wie Routenzüge und Fahrer den Routen zugeordnet werden können.

Für den Routenzug gibt es drei verschiedene **Transportverknüpfungsarten.** Bei einer 1:n-Transportverknüpfung beliefert der Routenzug mehrere Materialbereitstellorte, sogenannte Materialsenken, aus einem Lager, Supermarkt oder Puffer, welche jeweils die Materialquelle sein können. Bei einer m:1-Transportverknüpfung kann der Routenzug beispielsweise zum Abtransport von Fertig- oder Halbfertigwaren in ein Fertigwarenlager oder zum nächsten Bearbeitungspunkt genutzt werden. Liegt eine m:n-Transportverknüpfung vor, so werden mehrere Quellen mit mehreren Senken verknüpft, was eine aufwendige Steuerung zu Folge haben kann.[15]

Die Wahl der **Route** kann sowohl fix, d. h. auf immer gleichen festgelegten Wegen, als auch frei wählbar, d. h. je nach Materialbedarf, gestaltet werden. Zudem ist auch eine dynamische Planung möglich. Dabei wird der Routenzug aufgrund aktueller Transportbedarfe flexibel gesteuert, um Schwankungen auszugleichen.

Erfolgt die **Routenzugsteuerung** getaktet, so werden Touren zu definierten Zeitpunkten oder in definierten Intervallen gestartet. Der Routenzug wird mit allen in der Zwischenzeit angefallenen Aufträgen beladen, jedoch nur soweit die Kapazität es erlaubt. Bei einer auslastungsorientierten Steuerung wird eine Tour dann gestartet, wenn der Routenzug komplett befüllt ist oder ein Anlieferzeitpunkt eingehalten werden muss. Beträgt die maximale Routenzugkapazität

---

[15]Vgl. Günthner et al. (2012, S. 16).

beispielsweise vier GLT und 20 KLT, so wird die Fahrt erst gestartet, wenn der Zug mit diesen 24 Behältern voll beladen ist. Zusätzlich zu dieser Regel können auch feste Bereitstellzeiten definiert werden. Gilt also für einige der Behälter eine maximale Bereitstellzeit von 15 min, so wird die Tour dann gestartet, auch wenn der Zug noch nicht komplett voll ist. Wird der Routenzug permanent gesteuert, so bedeutet dies, dass immer dann eine neue Tour gestartet wird, sobald die vorherige Tour beendet ist. Dabei wird unabhängig von der Routenzug-Kapazität gehandelt.

Werden Routenzugsysteme mit einem fixen Takt eingesetzt, kann damit eine definierte Wiederbeschaffungszeit eingehalten und die Transparenz der Prozesse dadurch erhöht werden, dass das Material zu festgelegten Zeitpunkten an die Bereitstellorte angeliefert wird. Jedoch kann eine Taktung nur dann auch aus wirtschaftlicher Hinsicht vertreten werden, wenn keine Schwankungen im Materialverbrauch vorliegen. Bei hohen Verbrauchsschwankungen kann eine dynamische Taktung vorgenommen werden, was allerdings den Steuerungsaufwand erhöht.[16]

Die **Beladestrategie** kann sortiert, d. h. nach der Auslieferreihenfolge oder in einer fixen Anordnung, d. h. die Ladungsträger werden für bestimmte Bereitstellorte immer an bestimmten Stellen am Zug beladen, oder unsortiert sein. Trotz höherem Aufwand bei der Beladung liegt der Vorteil der strukturierten Lösungen in der Reduzierung von Fehlern und Suchaufwand.

Erfolgt die Integration der Beladung vom Routenzugfahrer selbst, so wird meist aus Zeitgründen nur die unsortierte Beladung durchgeführt. Soll der Routenzug mit einer definierten Sortierung fahren, sollte die Beladung in einem vorgelagerten Arbeitsschritt von einem Kommissionierer am Routenzugbahnhof vorbereitet werden.[17] Vorteile der entkoppelten Materialbereitstellung sind die Effizienzsteigerung in den einzelnen Tätigkeiten und eine Prozessstabilisierung durch unabhängig voneinander ausgeführte Prozesse.[18]

Zusätzlich existieren für den **Leergutprozess** drei unterschiedliche Möglichkeiten. Die leergewordenen Behälter können im 1:1-Tausch bei Belieferung eines vollen Behälters direkt eingesammelt, nach Mitnahme auf Sicht oder in einem separaten Leergut-Prozess mitgenommen werden und zum Leergutplatz im Lager transportiert werden.

---

[16]Vgl. Günthner et al. (2012, S. 9).
[17]Vgl. Günthner (2013, S. 101 ff.).
[18]Vgl. Günthner et al. (2012, S. 38 ff., 75).

1.3   Ausgewählte Berechnungsgrundlagen für Routenzugsysteme

Die Taktzeit stellt einen regelmäßigen Zyklus dar, in dem ein Routenzug auf der Route verkehrt, und somit die Zeitspanne, in der der Routenzug einen Bereitstellort anfährt. Zur Einhaltung einer definierten Taktung können Visualisierungen in Form von Fahrplänen helfen. Damit jedoch auch an den Vorgaben festgehalten wird, ist es hilfreich, zusätzlich zur Visualisierung weitere Hilfsmittel, wie z. B. Terminalfreigaben, erst zum Abfahrtszeitpunkt einzusetzen.[19]

Welche Taktzeit nötig ist, um die Anforderungen des Kundenprozesses zu erfüllen, kann aus dem durchschnittlich zu transportierenden Gesamtvolumen unter Annahme von Flexibilitätsreserve, der Routenzugkapazität sowie der zur Verfügung stehenden Arbeitszeit pro Schicht berechnet werden:[20]

$$\text{Taktzeit} = \frac{\text{Arbeitszeit je Schicht} \times \text{Routenzugkapazität} \times \text{Flexibilitätsreserve}}{\text{Durchschnittliches Gesamtvolumen}} \quad (1)$$

Um das zu transportierende Gesamtvolumen zu errechnen, müssen der Teileverbrauch und die Behältervolumina berücksichtigt werden. Die Reichweiten der vorhandenen Behälter werden wie folgt berechnet:

$$\text{Reichweite} = \frac{\text{Stückzahl je Behälter}}{\text{Verbrauch pro Stunde}} [\text{h}] \quad (2)$$

Daraus lassen sich die benötigten Behälter pro Schicht ermitteln:

$$\text{Behälter pro Schicht} = \frac{\text{Stunden pro Schicht}}{\text{Reichweite}} \quad (3)$$

Der Kehrwert der Taktzeit ergibt die Anzahl der Touren, die ein Routenzug in einem definierten Zeitraum (z. B. Schicht) fahren kann.[21]

$$\text{Anzahl Touren je Schicht} = \frac{\text{Transportvolumen Route je Schicht}}{\text{Max.Transportkapazität}} \quad (4)$$

Im Gegensatz zur Taktzeit, die sich aus den Anforderungen des Kundenprozesses ergibt, ist die Zykluszeit die Zeit, die ein Routenzug für alle zu erbringenden Prozesse benötigt. Die Zykluszeit definiert also die Zeit, die der Routenzug für die

---

[19]Vgl. Günthner (2013, S. 269); Günthner et al. (2012, S. 75).
[20]Vgl. Liebetruth (2015, S. 6 f.).
[21]Vgl. Günthner (2013, S. 130 ff.).

Durchführung seiner Tätigkeiten pro Tour benötigt, und setzt sich aus folgenden Zeiten zusammen:

$$ZZ = t_B + t_F + t_S + t_H + t_E \qquad (5)$$

Dabei gilt:

t_B: Zeit für Beladung, t_F: Zeit für Fahrt, t_S: Zeit für Stopp, t_H: Zeit für Handhabung und t_E: Zeit für Entladung von Leergut. Die jeweiligen Zeiten setzen sich je nach Tour aus mehreren Einzelzeiten zusammen.

Diese kann ggf. auch länger als die Taktzeit sein. In diesem Fall werden mehrere Routenzüge benötigt, um die Versorgung sicherzustellen. Zur Berechnung der Anzahl der notwendigen Routenzüge im Einsatz zur Produktionsversorgung wird zunächst die Anzahl der Touren für die betrachtete Route bezogen auf den definierten Zeitraum (z. B. Schicht) berechnet. Mithilfe der Zykluszeit (ZZ) lässt sich dann die Anzahl der benötigten Routenzüge bestimmen.

$$\text{Anzahl Routenzüge je Route} = \frac{\text{Anzahl Touren Route} \times \text{Zykluszeit Route [min]}}{60 \, \text{min/h}} \qquad (6)$$

Ein weiteres wichtiges Element für die Auslegung und Planung eines Routenzugsystems ist die Wiederbeschaffungszeit. So muss die Materialreichweite an der zu versorgenden Anlage so gestaltet sein, dass das Material am Bereitstellort eine WBZ lang ausreicht. Die Wiederbeschaffungszeit umfasst die Zeit von der Signalisierung eines Bedarfs oder Verbrauchs des Materials bis zu dessen Bereitstellung am Bereitstellort. Dabei werden auch vorgelagerte physische Prozesse, wie die Auslagerung, sowie informationstechnische Prozesse und Liegezeiten des Auftrags eingeschlossen.

$$WBZ = t_A + t_{Bearb} + t_T \qquad (7)$$

Mit t_A: Auslösezeit, t_{Bearb}: Bearbeitungszeit bzw. Prozesszeit des Lieferprozesses, t_T: Transportzeit.[22]

Ist das Routenzugsystem getaktet, so kann von einer stabilen WBZ ausgegangen werden. Außerdem ist oftmals eine maximale WBZ definiert, die unbedingt einzuhalten ist, um eine termingerechte Anlieferung der Materialien zu gewährleisten. Bei einem bedarfsorientierten System können zukünftige Bedarfszeitpunkte schon vorher bekannt sein, sodass schon vor dem Leerwerden des Behälters ein Soll-Anlieferzeitpunkt definiert werden kann. Somit lassen sich die Materialreichweiten an den Bereitstellorten verringern.[23]

---

[22]Vgl. Günthner W. A. (2013, S. 214).
[23]Vgl. Günthner et al. (2012, S. 18 f.).

Vorgehensweise bei der Planung und Implementierung von Routenzugsystemen

Die oben genannten verschiedenen Berechnungsgrundlagen für Routenzugsysteme können zu einer iterativen Vorgehensweise führen. Um aber zu häufige Rücksprünge und aufwendige Neuplanungen zu vermeiden, ist es sinnvoll, eine standardisierte Vorgehensweise zur Planung von Routenzugsystemen einzuhalten. In der Literatur werden verschiedene Vorgehensweisen zur Planung von Routenzugsystemen angeboten. Eine einfach strukturierte Vorgehensweise besteht aus den Schritten Analyse, Planung und Implementierung (Abb. 2.1).[1]

In der Analysephase werden die Kundenanforderungen sowie die Lieferanten- und Bereitstellbedingungen aufgenommen. Daraufhin erfolgt die Planung des Systems, die das Artikelspektrum und die Planungseckpunkte definiert sowie die Logistikfunktionen identifiziert. Zudem wird die Steuerung des Versorgungssystems geplant und an den Kundentakt ausgerichtet. Abschließend wird in der Implementierungsphase die Layout- und Feinplanung durchgeführt und das gesamte System ständig optimiert. Im Folgenden werden diese Schritte anhand eines fiktiven Praxisbeispiels etwas detaillierter erläutert und am Beispiel durchgeführt. Zunächst werden die Eckdaten, die Ausgangssituation und die Planungsaufgabe des Beispiels dargestellt.

---

[1]Diese Vorgehensweise orientiert sich an der VDI-Norm sowie an Günthner et al. (2012), fasst aber mehrere Schritte zu übergeordneten Schritten zusammen.

© Springer Fachmedien Wiesbaden GmbH, ein Teil von Springer Nature 2018
T. Liebetruth und L. Merkl, *Routenzugplanung,* essentials,
https://doi.org/10.1007/978-3-658-22199-7_2

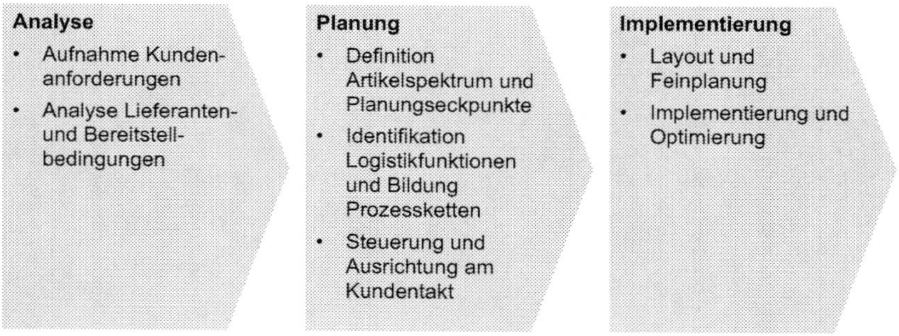

Analyse	**Planung**	**Implementierung**

• Aufnahme Kunden-
  anforderungen
 	
• Analyse Lieferanten-
  und Bereitstell-
  bedingungen
	• Definition
	  Artikelspektrum und
	  Planungseckpunkte
	
	• Identifikation
	  Logistikfunktionen
	  und Bildung
	  Prozessketten
	
	• Steuerung und
	  Ausrichtung am
	  Kundentakt
		• Layout und
		  Feinplanung
		
		• Implementierung und
		  Optimierung

Abb. 2.1 Schritte zur Routenzugplanung. (In Anlehnung an: Günthner 2013, S. 19 ff.)

2.1 Ausgangssituation und Planungsaufgabe der Beispielanwendung

Betrachtet wird ein fiktives Werk eines Automobilzulieferers. Es hat eine Fläche von 60.000 m², wovon 23.000 m² durch Produktionsfläche belegt sind. Dort arbeiten ca. 650 Mitarbeiter. Direkt an das Werksgelände anschließend wird das Werk durch die Logistik, die auf einer Fläche von 6000 m² mit 50 Mitarbeitern agiert, bedient. Aktuell werden bereits einige Anlagen mit einem Routenzug versorgt.

Derzeit sind drei Routenzüge vorhanden, von denen zwei im Einsatz sind. Ein Routenzug ist für die Produktionsversorgung, der andere für den Abtransport von Fertigteilen vorgesehen. Der dritte Routenzug steht derzeit als Ersatzfahrzeug zur Verfügung. Alle Züge bestehen aus einem mit der Zugmaschine gekoppelten Anhängerverbund. Ein Routenzug setzt sich jeweils aus einem Zugfahrzeug und mehreren Anhängern, die als E-Frames ausgeführt sind, zusammen. Die Routen-züge transportieren sowohl GLT als auch KLT. Zum Transport der KLT existieren zwei Routenzugregale, welche Sonderanfertigungen der Firma sind (Abb. 2.2).

Der Routenzug zur Produktionsversorgung fährt aktuell in einer unteren und einer oberen Halle – Hallen U und O. Dabei beliefert er neun verschiedene Anlagen, auf denen jeweils unterschiedliche Produkte produziert werden. Es werden aktuell insgesamt 400 verschiedene Artikel mit dem Routenzug befördert, wovon 118 Artikel in GLT und 282 Artikel in KLT transportiert werden. Nachdem von der Produktion die Bestellung erfolgt, übernehmen die Logistik-Mitarbeiter alle weiteren Aufgaben wie die Anlieferung und Nachfüllung der Teile sowie die Abholung von Leergut.

Abb. 2.2 Im Praxisbeispiel verwendetes Routenzugsystem der Firma Paul Müller GmbH

Der Routenzug zum Abtransport der Fertigteile sammelt Fertigwarenbehälter ein und transportiert sie zu einem Zwischenlagerplatz. Die Abholung geschieht durch den Routenzugfahrer auf Sicht.

Tab. 2.1 zeigt technische Daten der Routenzüge. Es sind insgesamt zwölf Frames vorhanden, die in regelmäßigen Abständen gewartet werden. Die Geschwindigkeit im Außenbereich ist begrenzt durch Aspekte der Arbeitssicherheit wie beispielsweise das hohe Gewicht und die Größe bestimmter Arten von GLT. Die systemtechnische Seitenabhängigkeit bei der Be- und Entladung wird durch die jeweils nach rechts oder links öffnenden Frames beschränkt.

Die Zykluszeit der Routenzüge beträgt aktuell im Durchschnitt 30 min. Aktuell werden pro Tag im Schnitt 50 Touren von den beiden Routenzügen gefahren. Es wird davon ausgegangen, dass der Routenzug zur Produktionsversorgung voll ausgelastet ist und der Routenzug zur Abholung der Fertigwaren zu etwa 50 % ausgelastet ist. Die bewegten Behälter liegen bei durchschnittlich 120 GLT/Tag und 550 KLT/Tag. In Tab. 2.2 sind die aktuellen Gestaltungsarten der vorliegenden Routenzugprozesse markiert.

Beim Versorgungsroutenzug liegt die Transportverknüpfungsart „1:n" und beim Fertigteilroutenzug „m:1" vor. Aktuell sind die Routen fix, aber je nach Auftragslage an den Anlagen anpassbar. Die Steuerung erfolgt permanent und

Tab. 2.1 Beispiel-Daten der eingesetzten Routenzüge

Information	Daten
Kapazität des Routenzugs	Max. vier Anhänger wegen engen Fahrwegen in Halle U und eingeschränkter Sicht bei fünf Anhängern
Kapazität der Anhänger (GLT)	1
Kapazität der Anhänger (KLT-Regal)	Abh. von Größe der KLT Max. 12 KLT (Schätzung aufgrund der zulässigen Maximaltraglast und Regalbodenfläche)
Anzahl vorhandener Frames	12
Max. Traglast pro Fahrrahmen	1200 kg
Durchschnittliche Geschwindigkeit – Innenbereich	7 km/h
Durchschnittliche Geschwindigkeit – Außenbereich	10 km/h
Max. Geschwindigkeit Fahrrahmen	15 km/h
Entladeseite	Je nach Anordnung der E-Frames

Tab. 2.2 Aktuelle Gestaltungsarten der Routenzugprozesse. (In Anlehnung an: Günthner 2013, S. 101)

Transportverknüpfungsarten	1:n	m:1	n:m
Route	**Fix**	Frei wählbar	Dynamisch geplant
Routenzugsteuerung	Getaktet	Auslastungsorientiert (mit Zeitbeschränkung)	**Permanent**
Beladestrategie	**Sortiert**	Fixe Anordnung	Unsortiert
Integration Beladung	Vorgepuffert durch Kommissionierer		**Als Teil der Tour durch Routenzugfahrer**
Integration Leergutprozess	1:1-Tausch	**Mitnahme auf Sicht**	Separater Leergutprozess

es existiert eine sortierte Beladestrategie. Die Beladung ist ein Teil der Tour und wird vom Routenzugfahrer durchgeführt. Das Leergut wird auf Sicht eingesammelt, zum Lager zurücktransportiert und auf definierten Leergutflächen abgestellt.

Bei dem Automobilzulieferer wird eine neue Anlage zur späteren Serienproduktion aufgebaut. Diese Anlage wird, zum größten Teil automatisiert, über eine Speicherprogrammierbare Steuerung (SPS) bestellen und soll ebenfalls an den Routenzug angebunden werden. Der Anlauf der Anlage beginnt nach einer ausreichenden Testphase, deren relevanten Vorbereitungen erarbeitet werden.

Da in der Produktion der Bedarf nach kleinen Losgrößen immer mehr steigt, wodurch die Bestände an den Linien gering gehalten werden können, soll diese neue Anlage ebenfalls mit einem Routenzug versorgt werden, wobei die bisherigen Erfahrungen genutzt werden sollen, um den geplanten Routenzug so optimal wie möglich einzusetzen. Zusätzliche Ziele sind die Minimierung der benötigten Flächen und eine möglichst geringe Taktzeit durch Wegereduzierung in der Produktion. Die Fertigwaren werden direkt von der Anlage in einen weiteren nicht weiter zu betrachtenden Kundenprozess überführt.

Für die neue Anlage ist also zu prüfen, ob und inwiefern eine Nutzung dieser freien Kapazität von etwa 50 % für die neue Anlage möglich ist. Das bedeutet, dass ein Routenzugsystem für die Versorgung einer Anlage mit Materialien aus dem Lager zu planen ist. Die einzusetzende Technik soll sich an den bestehenden Routenzügen orientieren.

Für die Darstellung der Planung werden zunächst die konzeptionellen Grundlagen für jeden Schritt aus der oben dargestellten Planungsvorgehensweise detailliert, bevor diese für die konkrete Planungssituation angewendet werden.[2] Insbesondere soll unter Berücksichtigung der Planbedarfe für die neue Anlage berechnet werden, ob dabei die freie Kapazität der bereits bestehenden Routenzüge genutzt werden kann oder ob ein oder mehrere neue Routenzüge zur Versorgung notwendig sind. Außerdem soll das Routenzugsystem unter den vorgegebenen Bedingungen der Anlage und der bestehenden Behälter konkretisiert werden, z. B.:

---

[2]Obwohl unterschiedliche Ladungsträger verwendet werden sollen, kann hier im Sinne der logistischen Wertstromanalyse von einer Teilefamilie ausgegangen werden, da die Materialien aus einem Lager an die gleiche Anlage gebracht und alle durch den Routenzug transportiert werden sollen.

- In welchem Takt müssen die Routenzüge fahren, um eine lückenlose Versorgung der Anlage zu gewährleisten?
- Wie können die Prozesskette und damit die Zykluszeit gestaltet werden, um die Vorgaben bestmöglich zu erfüllen?
- Welche Ansätze zur Optimierung können bzw. müssen zukünftig betrachtet werden?

2.2 Analyse

Als erstes erfolgt die **Analyse bzw. Aufnahme der Kundenanforderungen.** In diesem Teilschritt sollten zunächst Informationen über die Anforderung des/der Kunden systematisch aufgenommen werden. Dabei kann eine Strukturierung anhand der Aspekte Produkte, Ort, Zeitpunkt, Menge und Qualität/Zustand helfen, eine möglichst vollständige Analyse vorzunehmen. Bei jedem der Aspekte sollte auch ein möglicher Flexibilitätskorridor mit analysiert werden. Das heißt, es sollte jeweils die Frage beantwortet werden, in welchen Grenzen die Werte schwanken können bzw. dürfen.

- Produkte: Welche Materialien sollen bereitgestellt werden? Dabei sollten alle in einem bestimmten Bereich bereitzustellenden Materialien in einer Tabelle zusammengefasst werden. Bereits hier kann auch das Leergut berücksichtigt werden. Neben der Sachnummer sollten auch das Behältnis und dessen Dimensionierung sowie das maximale Fassungsvermögen für das jeweilige Material festgehalten werden.
- Ort: Wo sollen die Materialien bereitgestellt werden? Hier bietet sich die Analyse anhand des Layouts an. Anhand dessen kann der Bereich vorab grob eingegrenzt werden, für den ein Routenzug eingesetzt werden kann bzw. soll. Gegebenenfalls können hier schon grobe Bereitstellungszonen wie Fertigungsinseln zusammengefasst werden, die später die Grundlage für die Definition von Halteorten sein können.
- Zeitpunkt: In welcher Taktung werden die Materialien benötigt? Was ist der aktuelle Service-Level für die Bereitstellung der Materialien? Hier sollte auch analysiert werden, wie lange der Vorlauf für die Bereitstellung aktuell ist und welche zusätzlichen Koordinationsaufwände anfallen. Gegebenenfalls können hier auch schon mögliche Engpässe des aktuellen Versorgungssystems aufgenommen werden, die Ansatzpunkte für eine Verbesserung liefern.

- Menge: In welcher Menge sollen die Teile bereitgestellt werden? Hierzu kann das Produktionsprogramm für die nächste sinnvolle Planungsperiode herangezogen werden und durch eine Stücklistenauflösung die jeweiligen Bedarfe der Materialien ermittelt werden. Daraus ergibt sich dann, wie viel Material bereitgestellt bzw. Leergut abgeholt werden muss. Ein wichtiger Aspekt ist dabei auch die Schwankung des jeweiligen Materialbedarfs.
- Qualität/Zustand: Wie sollen die Materialien am Bereitstellungsort eintreffen? Hier ist zu analysieren, ob eine Sequenzierung notwendig ist, Sets gebildet werden sollen oder ob ggf. Verpackungen entfernt werden müssen oder spezielle Inlays nötig sind. Diese Informationen sind wichtig, damit die damit zusammenhängenden logistischen Tätigkeiten später entsprechend geplant werden können.

Da für die Dimensionierung des Routenzugsystems nicht nur die eigentlichen Materialien selbst, sondern eher die Behälter, in denen die Materialien von der Quelle zur Senke gebracht werden müssen, relevant sind, ist auf Basis des aktuellen Behälterkonzepts (Voraussetzung ist, dass die Behälter bereits definiert sind) der Bedarf an bereitzustellenden Behältern zu analysieren. Zur Ermittlung der Behälterbedarfe kann auf eine zweistufige Vorgehensweise zurückgegriffen werden, die aus den Materialbedarfen die Behälterbedarfe errechnet:

1. Ermittlung der Bedarfe je Material für einen definierten Zeitraum (z. B. ein Jahr auf Basis von Schichten). Das Ergebnis ist der durchschnittliche, maximale und ggf. minimale Bedarf in dem definierten Zeitraum für das jeweilige Material in Stück sowie die Schwankung des Bedarfs (hierzu kann der Variationskoeffizient herangezogen werden).
2. Ermittlung der bereitzustellenden Behälter je Schicht durch Ansatz des Behältertyps und des jeweiligen Füllgrades. Das Ergebnis ist eine Übersicht über die durchschnittlich, maximal und ggf. minimal bereitzustellenden Behälter je Schicht im Format Anzahl Behälter je Schicht.

Die betrachteten Materialien des Praxisbeispiels sind in Tab. 2.3 exemplarisch dargestellt. Darin sind die Materialien, die im betrachteten Bereich verbaut werden, mit den jeweiligen Behältern und dem Behälterfüllgrad aufgelistet. Außerdem ist ein durchschnittlicher Bedarf je Schicht angegeben, der sich an der Anlagenkapazität orientiert. Diese Analyse ist die Grundlage für die spätere Auswahl der mit dem Routenzug bereitzustellenden Materialien.

Tab. 2.3 Datentabelle Routenzugmaterialien

Material-bezeichnung	Behältertyp	Art des (Unter-) Behälters	Stückzahl je Behältertyp	Bedarf/ Schicht
Produkt X rechts				
A–X rechts	GLT	Sonderladungsträger mit Tiefziehfolien	80	1500
B–X rechts	KLT	KLT 4147	216	1500
C–X rechts	KLT	KLT 4147	256	1500
E	GLT	Sonderladungsträger mit Tiefziehfolien	960	1500
F	GLT	Euro-Palette	2400	3000
Produkt X links				
A–X links	GLT	Sonderladungsträger mit Tiefziehfolien	60	1500
B–X links	KLT	KLT 4147	216	1500
C–X links	KLT	KLT 4147	256	1500
E	GLT	Sonderladungsträger mit Tiefziehfolien	960	1500
F	GLT	Euro-Palette	2400	3000
Kleinteile				
D	KLT	KLT 4147	550	9000
G	KLT	KLT 4147	700	9000

Analyse der Lieferanten- und Bereitstellbedingungen In diesem Teilschritt sollen für die zu planenden Materialien die Rahmenbedingungen ermittelt werden, unter denen die Materialien aktuell an der Quelle verfügbar sind und wo sie bereitgestellt werden müssen. Mögliche Quelle kann z. B. ein eigenes oder durch einen Logistikdienstleister betriebenes Lager, ein Supermarkt oder eine Pufferfläche sein. Senken, also Bereitstellorte, können Anlagen, Pufferflächen oder Supermärkte darstellen. Diese Daten können nach Belieben in Tab. 2.3 ergänzt werden.

Für das Beispiel wird davon ausgegangen, dass ein Großteil der Materialien in KLT in einem selbstbewirtschafteten Lager mit Fachbodenregalen auf Paletten bzw. in einem Blocklager (GLT) gelagert wird und ein anderes Material im Lager nach Bedarf aus GLT im Blocklager in KLT umgepackt werden muss. Die Materialien werden an verschiedenen Plätzen an der Anlage platziert.

Ergänzend könnten in diesem Schritt bereits anhand des Layouts und einer Vor-Ort-Begehung die Rahmenbedingungen für die Bereitstellung der Materialien erhoben werden. Darunter fallen z. B. die Entfernungen von der Quelle zu den jeweiligen Senken sowie die Entfernungen zwischen den Senken. Ebenfalls von Bedeutung sind bauliche Rahmenbedingungen wie die Breite und die Beschaffenheit (Schlaglöcher!) von Fahrwegen. Auch in die Analysephase einbezogen werden können bestehende Transportsysteme.

Auf der zu versorgenden Anlage für das Beispiel in der neuen Halle U werden die Varianten X und Y produziert. Die Teile A, B und C sind jeweils spezifisch für das rechte und linke Produkt, wobei die restlichen Materialien für beide Seiten gleich sind. Die größten Bauteile sind die Teile A, die in einem Sonderladungsträger an die Maschine angeliefert werden. Die Anlieferung erfolgt in eine von zwei Garagen, aus denen der Fertigungsroboter die Teile aus den Behältern entnimmt. Es wird immer nur aus einer der Garagen Material entnommen, wobei die andere Garage als Puffer dient. Damit ist das 2-Behälter-Prinzip gewährleistet und die Versorgung der Anlage sichergestellt. Zusätzlich steht noch ein Pufferplatz zur Verfügung, auf dem die Logistik Material abstellen kann. Die Anlieferung der Bauteile B und C erfolgt über KLT. Jedoch werden diese vor dem Roboter-Handling manuell in ein Magazin gesteckt. Diese Aufgabe übernimmt ein Werker der Anlage. Auf jeder Seite des Drehtellers befinden sich somit die Teile B oder C. Der Roboter entnimmt auf der innenliegenden Seite das Material und gleichzeitig kann auf der äußeren Seite nachgefüllt werden. Die Teile D und G werden als Schüttgut in KLT an die Maschine angeliefert und dann in einen Vibrationswendelförderer eingefüllt. Diese Zuführung der Kleinteile wird vom Werker der Anlage übernommen. Das Bauteil E wird, fixiert in Tiefziehfolie, auf Paletten angeliefert. Das Bauteil F wird ebenfalls auf Paletten angeliefert. Die Teile E und F werden dem Fertigungsroboter über eine Rollenbahn zugeführt. Die Bestückung der Rollenbahnen erfolgt ebenfalls durch den Werker. Es ist keine Sequenzierung vorgesehen (Abb. 2.3).

Die Bereitstellung der Materialien erfolgt im Lager, von wo aus der Routenzug die Materialien im Routenzugbahnhof aufnimmt und zu den entsprechenden Bereitstellorten transportiert. Dort werden auch etwaige Umpackarbeiten durchgeführt.

Eine weitere Rahmenbedingung, die beachtet werden muss, ist, dass pro Trolley jeweils ein GLT und mehrere KLT transportiert werden können. Auf einem Zug können somit insgesamt 3 GLT und mehrere KLT transportiert werden. Diese Bedingung wird im späteren Planungsverlauf ein wesentlicher Engpass sein und ist deshalb mit aufzunehmen.

Halle U - Materialzuordnung

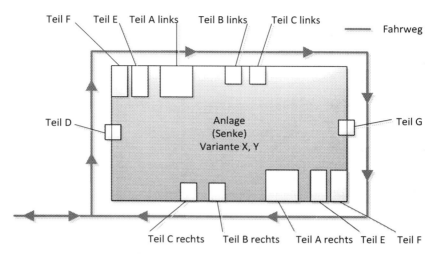

Abb. 2.3   Materialzuordnung an Anlage

Dabei sind auch schon im Vorfeld mögliche Störeinflüsse auf die Routen-zugprozesse zu beachten. Diese können sowohl externen, technischen als auch menschlichen Ursprungs sein. Dabei können Streckenstörungen, Bedarfs-schwankungen, Fehlbestände oder technisches Versagen des Routenzugs die reibungslosen Abläufe unterbrechen. Allerdings kann auch ein technischer Defekt des IT-Systems oder beispielsweise der MDE-Geräte[3] zu einer Störung führen. Technische Probleme des Routenzugs können durch regelmäßige Instandhal-tungsmaßnahmen vermieden werden. Bei kurzfristigen Störungen kann entweder ein Springer (mit einem extra Routenzug) aushelfen, ein anderes Transportmittel eingesetzt oder der Auftrag auf die nächste Tour verlagert werden. Auch bei Schwankungen kann ein Springer Abhilfe schaffen. Kontrollierter ist jedoch ein Sicherheitspuffer in der Produktion, ein Zeitpuffer im Takt oder ein Kapazitäts-puffer auf dem Zug.[4]

---

[3]MDE-Geräte sind Scanner zur „Mobilen Datenerfassung".
[4]Vgl. Günthner et al. (2012, S. 64 ff.).

Ebenso spielt der Einflussfaktor Mensch in Routenzugprozessen eine große Rolle. Im Ablauf selbst kann der Mensch als Risikofaktor für Störungen gesehen werden. Die Prozesse sollen so modelliert werden, dass eine unerwünschte Einflussnahme vermieden und mögliche Fehlerquellen, wie beispielsweise das Vertauschen von Material, eliminiert werden. Bei der Planung der Routenzugprozesse ist der Einbezug der operativen Mitarbeiter von hoher Bedeutung. Wenn die Grobplanung feststeht, sollten die Routenzugmitarbeiter um ihre Meinung gebeten werden, um von deren Wissen aus der täglichen Arbeit profitieren zu können und gleichzeitig die Akzeptanz der beteiligten Mitarbeiter zu gewährleisten.[5]

2.3 Planung

Nachdem im Rahmen der Analysephase die groben Rahmenbedingungen geklärt wurden, können nun die ersten Planungsschritte erfolgen.

Definition Artikelspektrum und Ermittlung Planungseckpunkte Zunächst ist in diesem Teilschritt auf Basis der in der Analysephase erhobenen Daten das durch den Routenzug bereitzustellende Artikelspektrum zu definieren. Wie oben bereits erläutert, eignen sich insbesondere kleine Teile bzw. Behälter mit mittleren bis niedrigen, aber möglichst regelmäßigen Bedarf, d. h. niedrigen Schwankungen. Wenn also hohe Schwankungen im Bedarf existieren oder Behälter eingesetzt werden, die zu groß oder zu schwer sind, um mit einem Routenzug transportiert zu werden, sollten diese in einem ersten Schritt ausgeschlossen werden.

Aus der Kombination mit den verschiedenen in der Analyse erhobenen Daten lassen sich dann bereits einige wichtige Informationen und Rahmenbedingungen für die weitere Planung ableiten: Zunächst kann durch die gesamte bereitzustellende Menge an Behältern eine erste Indikation über die Dimensionierung und Kapazitätsanforderungen des Routenzugs (ggf. auch mit Gewicht) gewonnen werden. Ebenso kann durch ein erstes Screening der Behälterreichweite für die jeweiligen Materialien ein Überblick über ein mögliches Potenzial zur Bestandsreduzierung in der Produktion abgeleitet werden.

---

[5]Vgl. Günthner et al. (2012, S. 73 f.).

In dem betrachteten Beispiel werden keine Materialien ausgeschlossen, alle eignen sich für eine Versorgung mit einem Routenzugsystem. Betrachtet werden also alle in Tab. 2.3 dargestellten Materialien in den entsprechenden Behältern. Die Taktzeit der hoch automatisierten Anlage beträgt 17,1 h und ergibt sich aus einem Kundentakt von 18 h und einer OEE von 95 %. Auf der Anlage sollen zwei verschiedene Produktvarianten produziert werden. Zu Beginn im Jahr 0 wird nur die Variante X, ab Jahr 1 auch eine zweite Variante Y produziert.

Da die Kundenabrufe aus dem ERP-System zum vorliegenden Planungszeitpunkt unpaarig und für eine konstante Vorschau nicht repräsentativ sind, erfolgt die Prognose der Verbrauchszahlen auf Basis der Planzahlen. Beim Anlauf der Anlage wird täglich und zu Beginn nur in einer Schicht produziert. Nach der Anlaufphase wird auf mindestens zwei Schichten erhöht. Anlagenbedingt können maximal je 1600 linke und rechte Teile pro Schicht produziert werden. Abb. 2.4 zeigt die Planzahlen für die zwei Varianten der Anlage von Jahr 1 bis Jahr 5. Im Jahr 0 fand bereits der Anlauf der Anlage mit einem geringen Gesamtbedarf von fast 32.000

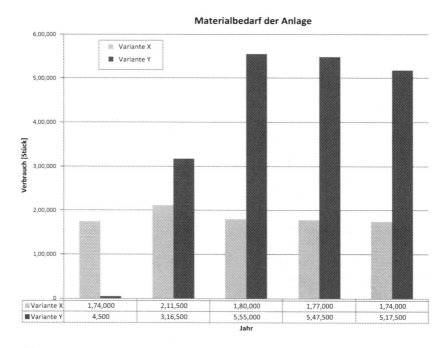

Abb. 2.4 Zukünftiger Materialbedarf der Anlage

Stück/Jahr nur für Variante X statt. Dieser Zeitraum wird für die Berechnung ausgeblendet, da aufgrund geringer Stückzahlen ein bereits bestehender Routenzug zur Anlagenversorgung verwendet wurde.

Für die Auslegung des Routenzugs wird der Verbrauch der Jahre 1 bis 5 betrachtet. Dabei ist der Peak der Variante Y im Jahr 3 der „Worst Case" und somit Grundlage der Berechnungen. In Tab. 2.3 sind die an die Anlage zu liefernden Teile dargestellt. Tab. 2.4 zeigt die Materialien mit Materialbezeichnung, Behältertyp, eine Zuordnung zu Behälterarten sowie die Anzahl der Teile pro Behälter und den Bedarf pro Schicht. Letzterer wurde bestimmt aus 245 Arbeitstagen pro Jahr und zwei Schichten pro Tag.

Nach der als eher unproblematisch erscheinenden Anlaufphase im ersten Jahr, in dem auch Erfahrungen zu den Behältern und Zeiten gesammelt werden konnten, ist nun für die Folgejahre und insbesondere für das dritte Jahr, in dem die Kammlinie erreicht wird, eine genaue Routenzugplanung vorzunehmen. Die Mengenflexibilität im Hochlauf wird sukzessive über die Anzahl der Schichten hergestellt. Das bedeutet, dass die Maximalkapazität (245 Tage mit 2 Schichten = 490 Schichten) im dritten Jahr erreicht wird. Um den Kundenbedarf im zweiten Jahr abzudecken, werden nur 352 Schichten − (211.500 + 316.500)/1500 − benötigt. Deshalb wird die Planung auf Basis einer Schicht durchgeführt.

Wie bei den Berechnungsgrundlagen dargestellt, kann auf dieser Basis die benötigte Taktung bzw. die benötigten Touren auf der Route pro Schicht ermittelt werden.

Um die benötigte Transportkapazität berechnen zu können, müssen zunächst die benötigten Behälter ermittelt werden. Ebenso kann in diesem Rechenschritt auch die Reichweite der Behälter ermittelt werden, um die an der Anlage vorzuhaltenden Behälter zu ermitteln. Diese ergibt sich mithilfe des Behälterfüllgrades und berechnet sich für das Teil A wie folgt:

$$
\begin{aligned}
\text{Reichweite} &= \frac{\text{Stückzahl je Behälter}}{\text{Verbrauch pro Stunde}} [\text{Stunden}] \\
&= \frac{80 \, \text{Stück/Behälter}}{1500 \, \text{Stück/Schicht}} * 7{,}5 \, \text{h/Schicht} \\
&= \mathbf{0{,}4 \, h} \left(\text{Beispielrechnung für Teil A–X rechts} \right)
\end{aligned}
$$

Zu beachten ist hierbei noch die Berücksichtigung der vorhandenen Stunden pro Schicht. Diese werden unter Abzug der Pausenzeiten mit 7,5 h festgelegt.

Tab. 2.4 Berechnung der Behälterreichweiten im Jahr 3

Material-bezeichnung	Behältertyp	Art des (Unter-) Behälters	Stückzahl je Behältertyp	Bedarf/ Schicht	Reichweite in Std.	Behälter pro Schicht
Produkt X rechts						
A–X rechts	GLT	Sonder-ladungs-träger mit Tiefzieh-folien	80	1500	0,4	18,75
B–X rechts	KLT	KLT 4147	216	1500	1,1	6,94
C–X rechts	KLT	KLT 4147	256	1500	1,3	5,86
E	GLT	Sonder-ladungs-träger mit Tiefzieh-folien	960	1500	4,8	1,56
F	GLT	Euro-Palette	2400	3000	6,0	1,25
Produkt X links						
A–X links	GLT	Sonder-ladungs-träger mit Tiefzieh-folien	80	1500	0,4	18,75
B–X links	KLT	KLT 4147	216	1500	1,1	6,94
C–X links	KLT	KLT 4147	256	1500	1,3	5,86
E	GLT	Sonder-ladungs-träger mit Tiefzieh-folien	960	1500	4,8	1,56
F	GLT	Euro-Palette	2400	3000	6,0	1,25
Kleinteile						
D	KLT	KLT 4147	550	9000	0,5	16,36
G	KLT	KLT 4147	700	9000	0,6	12,86

In der Spalte „Behälter pro Schicht" wird durch

$$\text{Behälter pro Schicht} = \frac{\text{Stunden pro Schicht}}{\text{Reichweite}}$$

$$= \frac{7,5\,\text{h/Schicht}}{0,4\,\text{h}}$$

$$= \mathbf{18,75\,Behälter}\,\left(\text{Beispielrechnung für Teil A−X rechts}\right)$$

jeweils berechnet, wie viele Behälter pro Schicht für jedes Material benötigt werden. Die maximalen Werte treten bei Material A auf. Sie bilden die High-Runner der Anlage im Routenzugprozess.

Aus der in Tab. 2.4 dargestellten Berechnung ergibt sich, dass insgesamt pro Schicht ca. 44 GLT und 55 KLT an Vollgut sowie die gleiche Menge an Leergut transportiert werden müssen.

Als nächstes muss nun geprüft werden, ob diese Transportanforderungen durch die freie Kapazität des einen Routenzugs abgedeckt werden können oder ob ein neuer Routenzug eingesetzt werden muss. Hierzu sind die Prozessketten des Routenzugs zu planen. Dabei ist zu berücksichtigen, dass der Routenzug nicht exklusiv für die Anlage eingesetzt wird. Um die Versorgungsfrequenz möglichst hoch zu halten, werden für die Planung des konkreten Beispiels zunächst zwei Annahmen getroffen:

1. Der Routenzug hat immer die gleiche Fahrroute, auf der auch andere Anlagen zu ver- oder entsorgen ist (das bedeutet, dass die Zykluszeit immer in etwa konstant ist, unabhängig davon, ob die neu zu versorgende Anlage angefahren wird oder nicht).
2. Es ist auf jeder Fahrt im Durchschnitt 50 % der Kapazität frei.

Mit dieser Information kann jetzt auch geprüft werden, ob der Routenzug in der Lage ist, die benötigte Kapazität abzubilden. Für den Engpass der GLT würde das bedeuten, dass

$$\text{Anzahl Touren je Schicht} = \frac{\text{Transportvolumen Route je Schicht}}{\text{Max.\,Transportkapazität}}$$

$$= \frac{44\,\text{GLT}}{1,5\,\text{GLT pro Tour}}$$

$$= \mathbf{29,3\,Touren}$$

pro Schicht benötigt werden. Der Kehrwert der Tourenzahl bezogen auf die zu planende Periode (hier eine Schicht) gibt die Taktung an, in der der Routenzug zu fahren hat, um die Anforderungen zu bewältigen. Hier wäre die Taktung knapp über 15 min – (1,5 GLT × 450 min)/44 GLT. Im nächsten Schritt ist anhand der Prozessketten zu prüfen, ob dies mit dem bestehenden Routenzug abgebildet werden könnte.

Identifikation notwendiger Logistikfunktionen und Bildung Prozessketten In diesem Teilschritt werden nun auf Basis der zuvor erhobenen Kundenanforderungen und Bereitstellbedingungen sowie der berechneten Eckpunkte die im Rahmen des Routenzugzyklus zu erbringenden logistischen Tätigkeiten definiert, um die Zykluszeit des Routenzugs zu ermitteln. Eine strukturierte Möglichkeit bieten die standardisierten Logistikfunktionen, die auch bei der Erstellung einer logistischen Wertstromanalyse verwendet werden. Als mögliche Logistikfunktionen kommen infrage:

- Transportieren und Fördern als Möglichkeit, eine Ortsveränderung zu erreichen. Hierbei können verschiedene Transportmittel wie Stapler, Hubwagen oder aber Rollenband etc. mit den jeweiligen Vor- und Nachteilen unterschieden werden.
- Puffern/Lagern als Möglichkeit, zeitliche Unterschiede zu überbrücken. Neben klassischen Lagerformen wie Block- oder Fachbodenlägern fallen hierunter je nach Umfang der zeitlichen Überbrückung auch Supermärkte, Pufferflächen oder FIFO-Bahnen.
- Menge und Zusammenstellung verändern. Hierunter können Sammeln oder Vereinzeln sowie Sequenzieren, Setbilden, Sortieren oder Kommissionieren und Umpacken subsumiert werden. In dieser Funktion werden bedarfsgerechte Mengen zusammengestellt.
- Veränderung des Servicewerts. Unter diesem Begriff werden Funktionen wie Ver- oder Entpacken, Etikettieren oder Prüfen verstanden. Durch diese Funktionen wird das Material handhabbar bzw. weiterverwendbar oder es erhält zusätzliche Informationen (die Menge oder Qualität, die auf dem Etikett steht, ist richtig).
- Administrative Funktionen wie buchen, Auftrag erzeugen, dokumentieren oder Informationen übermitteln dienen dazu, den physischen Fluss mit dem Informationsfluss zu synchronisieren. Sie schaffen damit unter anderem die Grundlage für die Planungs- und Steuerungsfunktionen in Logistikprozessen.[6]

---

[6]Vgl. Günthner (2013, S. 179 ff., 225 ff.).

Auf Basis der Grundprozesse des Routenzugs kann in Kombination mit den Informationen über die bereitzustellenden Materialien und Behälter ein erstes grobes Konzept für die Prozesskette und auch das Zeitmodell des Routenzugsystems zusammengestellt werden.

Ein Punkt, der in diesem Zusammenhang auch zu definieren ist, ist die Beladestrategie des Routenzugs. Dabei ist zu definieren, wie die Behälter auf dem Zug angeordnet werden. Es können jeweils feste Plätze für die einzelnen Materialien definiert werden. Das reduziert die Fehlermöglichkeiten und den Suchaufwand. Andererseits ermöglicht eine freie Anordnung eine bessere Auslastung des Routenzugs. Eine Möglichkeit wäre z. B. eine Zuordnung von Anhängern zu Haltepunkten und innerhalb der Anhänger eine freie Zuordnung.

Da für die weitere Planung und zur Beantwortung der Frage, ob die bestehende Restkapazität der Routenzüge zur Versorgung der Anlage ausreicht, der Kapazitätsbedarf eine wesentliche Rolle spielt, werden für die Aktivitäten der Prozesse jeweils Zeitmodelle aufgestellt, die sich aus der Multiplikation von Anzahl der Durchführung und der jeweiligen Dauer der Einzelprozesse zusammensetzen. Für die Route kann durch eine grobe Definition des Fahrwegs bzw. der Route anhand des Layouts in Kombination mit einer Schätzung einer durchschnittlichen Geschwindigkeit ein Zeitmodell ermittelt werden. Ein Zeitmodell (hier beispielhaft für eine Quelle) kann wie in Tab. 2.5 dargestellt gestaltet werden. Die Zeitmodelle von Quelle und Senke ergeben zusammen mit der Fahrzeit die maximale Zeit einer Runde.

Diese Zeiten lassen sich aus den einzelnen Handlingszeiten im Lager und an der Anlage sowie den zurückzulegenden Wegen und der Routenzuggeschwindigkeit ermitteln. Handlingszeiten des Routenzugfahrers sind beispielsweise Aufnehmen und Abstellen von Behältern oder Scannen. Jeder volle Behälter, der in die Anlage gestellt wird, muss gegengescannt werden. Dabei wird zuerst der Barcode auf dem Behälterlabel und danach der zugehörige Barcode auf dem Platzlabel am Behälterstandort abgescannt. Dadurch wird im ERP-System festgehalten, welcher Behälter zu welcher Zeit an die Anlage geliefert wurde. Für die KLT und GLT gilt das 2-Behälter-Prinzip.

Tab. 2.5 Beispiel Zeitmodell Quelle

Aktivität	Anzahl	Dauer (s)	Zeitbedarf gesamt (min)
Vollen GLT in Anlage stellen	3	20	1,00
Leeren GLT auf Routenzug (RZ) aufnehmen	3	16	0,80
…			

Der im Beispiel zu planende Routenzugprozess beginnt administrativ bei der Bestellung der Teile bzw. physisch im Lager und endet mit der Anlieferung an die Linie bzw. der Rücknahme von Leerbehältern. Diese Prozessschritte stellen somit die Systemgrenzen des Prozesses dar. Im Folgenden wird der Routenzugprozess neben der Bestellauslösung, der für die Kapazitätsberechnung des Routenzugs nur eine indirekte Rolle spielt, in die Elemente Quellenprozess, Route und Senkenprozess unterteilt. Bei der Planung des Beispiels wird davon ausgegangen, dass die Fahrwege durch das Layout schon vorgegeben sind und man sich bei der Konzeption der fixen Route zunächst daran orientiert. Es sind bereits zwei Routenzüge für die Produktionsversorgung und Fertigteilabtransport vorhanden, die möglicherweise zum Teil eingebunden werden können. Im Lagerbereich befindet sich ein Routenzugbahnhof zur Be- und Entladung des Routenzugs als Quelle und an der Anlage werden Bereitstellorte definiert, die zusammen mit den Leergutplätzen die Senken darstellen.

Zur Berechnung der Zeiten an Quelle und Senke für das Ausführen einer kompletten Runde wird davon ausgegangen, dass immer sowohl GLT als auch KLT transportiert werden, wodurch die maximale Kapazität auf drei GLT beschränkt wird und zusätzlich dazu von einer durchschnittlichen Anzahl von vier KLT ausgegangen wird. Für das Zeitmodell der Quellen- und Senken-Prozesse werden die einzelnen Zeiten dazu mehrmals gemessen und im Anschluss daran gemittelt.

Der erste Planungsbaustein für die Ermittlung des Zeitmodells ist die **Bereitstellung** der Materialien für den Routenzug **an der Quelle**. Diese kann z. B. automatisch aus einem Lager (z. B. AKL), manuell durch Kommissionierung aus einem Lager oder wegeoptimiert aus einem Supermarkt erfolgen. Die Entscheidung hängt vom Teilespektrum und der Lagerorganisation sowie der verfügbaren Fläche ab. Gegebenenfalls müssen noch Umpack-, Kommissionier- oder Sequenziertätigkeiten berücksichtigt werden. Weiterhin sind ggf. Etikettiertätigkeiten zu berücksichtigen, wenn ein Label oder eine Kanban-Karte angebracht werden muss. Schließlich muss an der Quelle der Zug zusammengestellt werden. Dort gilt es, eine geeignete Beladestrategie und die Integration der Beladung festzulegen. Wird die Beladung der Routenzug-Anhänger durch einen vom Routenzugprozess entkoppelten Arbeitsschritt durchgeführt, so lassen sich Schwankungen im Routenzugprozess vermeiden und die Versorgung der Produktion kann ohne Zeitverlust durch Beladetätigkeiten erfolgen. Die Dauer und Häufigkeit der Kommissioniertätigkeiten sind im Zeitmodell der Quelle enthalten. Die Häufigkeit und somit die Gesamtdauer sind abhängig vom Bedarf der Produktion und unterliegen deren Schwankungen. Das Minimum der Verteilungsfunktion der Kommissionierdauer ist die Bereitstellungszeit für einen Behälter, wobei der Routenzug in der Praxis kaum wegen nur einem Behälter eine Tour starten wird. Das Maximum ist die Bereitstellung der maximal zu beladenden Behälter auf einen Routenzug. In der Praxis wird sich ein Durchschnitt einpendeln. Wenn möglich sollten die deterministischen Primärbedarfe der Produktion den Logistikmitarbeitern zur Verfügung stehen, um mithilfe einer Stücklistenauflösung die Beladung bereits vorbereiten zu können.

Die Beladung des Routenzugs erfolgt im Routenzugbahnhof der Logistik. Die Ware soll zunächst vom Routenzugfahrer vorkommissioniert und anschließend auf das Fahrzeug geladen werden. Für die Beladestrategie gilt zu beachten, dass der Routenzug die Anlage im Uhrzeigersinn umfährt und sich die Beladeseite somit auf der rechten Seite befindet. Die Anordnung der Anhänger erfolgt so, dass die entsprechenden Behälter auf kürzestem Weg in die Anlage entladen werden können (s. Abb. 2.5). Im KLT-Regal wird außerdem der Entnahmereihenfolge nach be- und entladen.

Durch eine Multimomentaufnahme für die einzelnen Zeitbestandteile ergibt sich für die Quelle ein Zeitmodell nach Tab. 2.6.

Der nächste Planungsbaustein ist die Konzeption des Prozesses an der Senke, dem Haltepunkt bzw. dem **Bereitstellort**. Hier sollte darauf geachtet werden, dass der Weg des Routenzugfahrers vom Haltepunkt zum Bereitstellort kurz ist und er die Materialen möglichst so bereitstellt, dass der Werker sie unmittelbar verwenden kann. Materialübergabeplätze, von denen sich ein Produktionsmitarbeiter die Behälter selbst holen muss, sollten wenn möglich vermieden werden. Die Produktionsmitarbeiter sollten ihre Zeit möglichst ausschließlich für wertschöpfende Produktionstätigkeiten nutzen. In der Regel werden Durchlaufregale für KLT eine gute Lösung sein. Weiterhin ist die Mitnahme von Leergut zu berücksichtigen. Und schließlich sollte dann, sofern die Nachschubsteuerung nicht über das Leergut erledigt wird oder elektronisch erfolgt, auch noch die Aufnahme von Informationen über den Bedarf am Bereitstellort geprüft werden.

In einer ähnlichen Weise könnte noch ein Prozess für einen **Leergutplatz als spezielle Senke** konzipiert werden. Hier muss ggf. eine Befreiung der Behälter von alten Etiketten erfolgen und eine Sortierung nach Leerbehältergrößen vorgenommen werden.

Für das Beispiel ist zu berücksichtigen, dass ein Routenzug auf seiner Route immer unter maximaler Auslastung fährt, unabhängig davon, ob die neu zu planende Anlage ver-/entsorgt wird oder eine andere Anlage auf der Route. Für die Senken ergibt sich ein Zeitmodell nach Tab. 2.7.

Bei der Berechnung des **Zeitmodells für die Fahrroute** sind die Weglängen und die Geschwindigkeiten zu berücksichtigen. Die Weglängen können dem entsprechenden Hallenlayout aus Abb. 2.6 entnommen werden. Dabei werden Außen- und Innenbereich unterschieden, da der Routenzug dort mit unterschiedlichen Geschwindigkeiten fährt.

Halle U - Beladereihenfolge

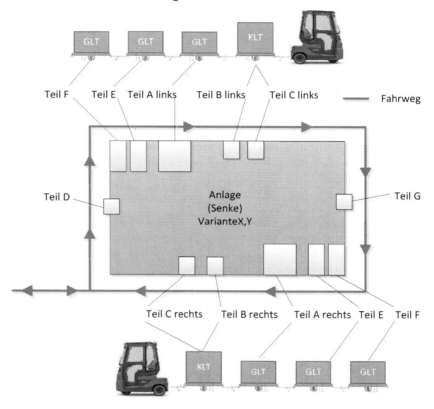

Abb. 2.5 Beladereihenfolge des Routenzugs

Tab. 2.6 Zeitmodell der Quelle

Aktivität	Anzahl	Dauer (s)	Zeitbedarf gesamt (min)
Vollen GLT auf RZ aufnehmen	3	20	1,00
Leeren GLT auf Zwischenpuffer stellen	3	16	0,80
Vollen KLT auf RZ stellen	4	10	0,67
Leeren KLT auf Sammelplatz sortieren	4	12	0,80
Summe			**3,27**

Tab. 2.7 Zeitmodell der Senke

Aktivität	Anzahl	Dauer (s)	Zeitbedarf gesamt (min)
Vollen GLT in Anlage stellen	3	20	1,00
Leeren GLT auf RZ aufnehmen	3	15	0,75
Vollen KLT in Anlage stellen	4	15	1,00
Leeren KLT auf RZ aufnehmen	4	10	0,67
Scann-Zeit pro Behälter	7	7	0,82
Summe			**4,24**

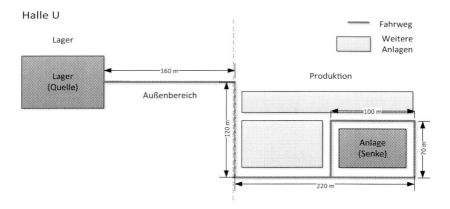

Abb. 2.6 Schematisches Hallenlayout mit Weglängen

Der Zeitbedarf für die Runde Quelle–Senke–Quelle wird aus den vorhandenen Wegstrecken und der Geschwindigkeit des Routenzugs berechnet (Tab. 2.8).

Die reine Fahrtzeit hin und zurück vom Routenzugbahnhof zur Anlage beträgt ca. 9 min und die Handlingszeit, bestehend aus Be- und Entladezeiten an der Anlage, ca. 7,5 min. Daraus ergeben sich als Gesamtzeit einer Runde bzw. als Zykluszeit ca. 16,5 min (Tab. 2.9).

Unter Berücksichtigung der Flexibilitätsreserve von 15 % wird in der Gesamtheit somit von einer **Zykluszeit** des Routenzugs von **19 min** ausgegangen.

Tab. 2.8 Berechnung Rundendauer

Daten	Wert
Geschwindigkeit außen	10 km/h
Geschwindigkeit innen	7 km/h
Fahrweg außen	320 m
Fahrweg innen	820 m
Dauer für eine Runde	**8,95 min**

Mit dieser Information kann jetzt auch geprüft werden, ob der Routenzug in der Lage ist, die benötigte Kapazität abzubilden. Oben wurde ermittelt, dass 29,3 Touren nötig sind, um das Transportvolumen zu bewältigen. Für den Engpass der GLT würde das bedeuten, dass bei einer Zykluszeit von 19 min

$$\text{Anzahl Routenzüge je Schicht} = \frac{\text{Anzahl Touren Route} \times \text{Zykluszeit Route [min]}}{60\,\text{min/h}}$$

$$= \frac{29,3\,\text{Touren} \times 19\,\text{min/Tour}}{450\,\text{min/h}}$$

$$= \mathbf{1,24\ Routenzüge}$$

benötigt werden.

Es wird also bereits an dieser Stelle deutlich, dass zur Ver- und Entsorgung der Anlage die freie Kapazität der bestehenden Routenzüge nicht ausreicht. Es muss also nach Möglichkeiten gesucht werden, die Versorgung zu gewährleisten. Dazu kann entweder ein dedizierter Routenzug eingesetzt werden (die Kapazität dieses Routenzugs würde genügen, um die Anlage zu ver- und entsorgen, da ja statt 1,5 GLT im Schnitt nun 3 GLT transportiert werden können) oder die Zykluszeit des Routenzugs so verkürzt werden, dass die Taktzeit von 15,4 min erreicht wird.

Eine Möglichkeit, die Zykluszeit zu verringern, ist die Verlagerung des Kommissionierprozesses vom Routenzugfahrer zu einem Kommissionierer im

Tab. 2.9 Zeitmodell des Gesamtzyklus

Zeitkomponente	Zeitbedarf gesamt (min)
Bereitstellen Zug	3,27
Fahrt einer Runde Quelle–Senke–Quelle	8,95
Ausliefern an Bereitstellorte/Leergutsammelplatz	4,24
Summe (Zykluszeit)	**16,46**

Lager. Dabei werden die KLT-Regale bereits befüllt und bereitgestellt sowie die GLT ebenfalls bereits aus dem Lager ausgelagert und am Bahnhof auf definierten Stellplätzen vorbereitet. Der Routenzugfahrer tauscht demnach nur noch Leer- gegen Vollgut und wechselt bei KLT das komplette Regal, ohne einzelne KLT handeln zu müssen. Dadurch können die Fahrten bereits vorbereitet werden und es ergibt sich eine Zeitersparnis beim Beladeprozess im Routenzugbahnhof. Zusätzlich ist die Prüfung freier Kapazitäten von Lagermitarbeitern zur Kommissionierung nicht außer Acht zu lassen (Tab. 2.10).

Die Zykluszeit des Routenzugs konnte somit durch Verlagerung des Kommissionierprozesses um ca. 2 min von 16,46 min auf 14,49 min verkürzt werden (Tab. 2.11). Unter Berücksichtigung der Flexibilitätsreserve von 15 % wird hier somit die neue **Zykluszeit** des Routenzugs mit **17 min** statt 19 min angenommen.

Durch Nachprüfung kann ermittelt werden, dass diese Maßnahme nicht ausreicht, um die Kapazität im benötigten Umfang zu erhöhen. Denn es werden bei 1,5 GLT Kapazität immer noch 1,11 „halbe" Routenzüge benötigt

Tab. 2.10 Zeitmodell der Quelle ohne Kommissionieren durch Routenzugfahrer

Aktivität	Anzahl	Dauer (s)	Zeitbedarf gesamt (min)
Vollen GLT auf RZ aufnehmen	3	9	0,45
Leeren GLT auf Zwischenpuffer stellen	3	8	0,43
Vorkommissionierten KLT-Anhänger aufnehmen	1	10	0,17
Leeren KLT-Anhänger abstellen	1	8	0,13
Scann-Zeit pro Einheit	1	6	0,12
Summe			**1,30**

Tab. 2.11 Summe Gesamtzeit ohne Kommissionieren durch Routenzugfahrer

Zeitkomponente	Zeitbedarf gesamt (min)
Bereitstellen Zug	1,30
Fahrt einer Runde Quelle–Senke–Quelle	8,95
Ausliefern an Bereitstellorte/Leergutsammelplatz	4,24
Summe (Zykluszeit)	**14,49**

$(\frac{29{,}3\,\text{Touren} \times 17\,\text{min/Tour}}{450\,\text{min/h}})$. Das ist also keine nachhaltige Lösung zu einer sicheren Versorgung der Anlage.

Im Folgenden muss daher für die Planung davon ausgegangen werden, dass ein eigener Routenzug eingesetzt werden muss. Für diesen ergäbe sich aufgrund 100 % freier Kapazitäten eine Taktzeit von

$$\frac{450\,\text{min/Schicht} \times 3\,\text{Behälter} \times 0{,}85}{44\,\text{Behälter/Schicht}}$$

$$= 26\,\text{min}$$

Diese Taktzeit würde ausreichen, um die kapazitätsmäßige Versorgung der Anlage zu gewährleisten. Die Zykluszeit des Routenzuges wurde jedoch mit 19 min berechnet. Mit dieser Differenz kann nun in zweifacher Weise umgegangen werden. Einerseits kann der Routenzug alle 26 min fahren, was bedeuten würde, dass er dann immer voll ausgelastet fahren würde, aber 7 min Wartezeit hätte und eine längere Wiederbeschaffungszeit an der Linie zu überbrücken ist. Andererseits könnte er in einem kürzeren Takt, z. B. 20 min fahren, was bedeuten würde, dass der Routenzug nicht ganz ausgelastet fährt, aber in einer höheren Frequenz und auch damit eine kürzere Wiederbeschaffungszeit an der Anlage mit Bestand zu überbrücken wäre. Aufgrund der logistischen Vorteile im Sinne einer schlanken Logistik und höheren Versorgungssicherheit wird letztere Variante gewählt. Um eine höhere Transparenz zu erzielen, wird zur Steuerung eine Taktzeit von 20 min gewählt. So fährt der Routenzug alle 20 min, d. h. drei Mal in der Stunde.

Steuerung und Ausrichtung am Kundentakt Hierbei ist die Verknüpfung des physischen mit dem informatorischen Prozess zu planen. Ebenso ist in diesem Zusammenhang auch die Ausrichtung des Routenzugs am Kundentakt zu berücksichtigen. Die Definition der Steuerungssystematik hängt stark davon ab, wie die Nachbestellung erfolgt. Grundsätzlich ist entweder eine Steuerung auf Basis des Verbrauchs oder aber auf Basis von Bestellungen denkbar.[7]

Bei einer Nachbestellung anhand von physischen Kanban-Karten oder Aufträgen, die der Routenzugfahrer auf einer fixen Route mitnimmt (Verbrauchssteuerung), ergibt sich eine in Abb. 2.7 dargestellte Situation.

---

[7]Um eine möglichst gleichmäßige Versorgung zu ermöglichen, sollte bei einer Steuerung auf Basis von Bestellungen darauf geachtet werden, dass eher öfter und gleichmäßig bestellt wird. So sollte vermieden werden, dass die Mitarbeiter am Bereitstellort nicht den kompletten Schichtbedarf zu Anfang oder am Ende der Schicht bestellen. Das kann z. B. durch Restriktionen bei den Bestellungen erreicht werden.

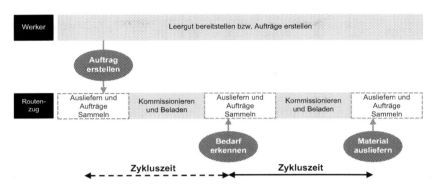

Abb. 2.7 Zeitliche Zusammenhänge Routenzugsteuerung. (In Anlehnung an: Günthner et al. 2014, S. 109)

Die Wiederbeschaffungszeit und damit die an der Anlage zu überbrückende Reichweite ist zweimal die Zykluszeit. Werden die Aufträge nach Auslösen durch den Werker oder durch die Anlage elektronisch an den Routenzugfahrer übermittelt, kann die Wiederbeschaffungszeit in Abhängigkeit der „Cut-off"-Zeit für die Kommissionieraufträge reduziert werden.

Die Auslösung der Nachbestellung für die Versorgung der betrachteten Anlage erfolgt zum Teil automatisiert durch die Anlage durch Zählen und bei einigen Teilen manuell durch den Werker auf Sicht. Wenn die Anlage automatisiert selbst bestellt, erfolgt dies durch Zählung der produzierten Fertigteile. Die Anlage kann somit die verbrauchte Stückzahl an das ERP-System zurückgeben. Bei Unterschreiten einer gewissen Menge an Material in der Anlage löst die Anlage automatisiert eine Bestellung der jeweiligen Teile aus. Über die SPS wird der Auftrag an das Lagerverwaltungssystem der Logistik weitergeleitet und daraufhin ein Transportauftrag für den Routenzugfahrer erzeugt. Dazwischen wird der im Lager entnommene Bestand in das ERP-System der Produktion übertragen. Dies ist der Fall bei den Teilen A, B und C der jeweils rechten und linken Materialien. Bei allen anderen Artikeln muss der Anlagenbediener den Nachschub manuell über ein Terminal nachbestellen. Die systemtechnische Auslösezeit nach einer Bestellung beträgt 10 min. Eine weitere zu beachtende Rahmenbedingung ist die mit der Logistik per SLA geregelte und nicht zu überschreitende Wiederbeschaffungszeit von 60 min.

Als Basis für die Ermittlung der Wiederbeschaffungszeit wird die oben beschriebene Berechnungsformel für die Wiederbeschaffungszeit herangezogen.

$$WBZ = t_A + t_{Bearb} + t_T$$

Wird wie oben definiert davon ausgegangen, dass der Routenzugfahrer selbst kommissioniert, so können sich aufgrund möglicher günstiger oder ungünstiger Zeitpunkte bei der Auftragsübermittlung und unter Berücksichtigung der Kapazitätsreserve folgende zwei Szenarien ergeben: ein optimaler Fall sowie ein Worst-Case-Szenario:

Im Optimalfall wird eine Bestellung so ausgelöst, dass der Kommissionierauftrag für den Routenzugfahrer genau dann in seinem System erscheint, wenn er im Routenzugbahnhof im Lager eintrifft. In diesem Fall wäre die Wiederbeschaffungszeit unter Berücksichtigung der oben berechneten Werte für die Zykluszeit von 19 min:

$$WBZ_{Optimal} = 10\,min\,Auslösezeit + 3,8\,min\,Beladezeit$$
$$+\ 10,4\,min/2\,halbe\,Runde\,Fahrzeit$$
$$+\ 4,8\,min\,Auslieferung$$
$$=\ 23,8\,min$$

Im ungünstigsten Worst-Case-Szenario würde die Bestellung beim Routenzugfahrer genau in dem Moment eintreffen, wenn er gerade aus dem Routenzugbahnhof losgefahren ist und er die Bestellung erst bei dem nächsten Eintreffen an der Quelle kommissionieren kann. In diesem Fall wäre die Wiederbeschaffungszeit:

$$WBZ_{Worst\ case} = 10\,min\,Auslösezeit + 10,4\,min\,Fahrzeit$$
$$+\ 4,8\,min\,Auslieferung\,vorherige\,Bestellung$$
$$+\ 3,8\,min\,Beladezeit\,aktuelle\,Bestellung$$
$$+\ 10,4\,min/2\,halbe\,Runde\,Fahrzeit$$
$$+\ 4,8\,min\,Auslieferung$$
$$=\ 39\,min$$

Zuzüglich einer Minute, um auf die oben definierte Tatsächliche Taktzeit von 20 min zu kommen, ergibt das eine Wiederbeschaffungszeit von 40 min. Somit ergibt sich für die Wiederbeschaffungszeit also ca. die doppelte Zykluszeit und davon ausgehend, dass ab Start der Kommissionierung keine neu eintreffenden Aufträge mehr abgearbeitet werden können. Die mit der Logistik vertraglich geregelte Wiederbeschaffungszeit von 60 min kann aber in jedem Fall eingehalten werden.

Für den Bestand an der Anlage bedeutet das, dass dort mindestens 40 min Bestand vorgehalten werden müssen, um einen Abriss der Fertigung zu vermeiden. Aufgrund der Informationen aus Tab. 2.4 und der Information, dass ein Zwei-Behälter-System vorliegt sowie für den High-Runner ein zusätzlicher Pufferplatz an der Anlage existiert, kann festgehalten werden, dass die Bestellsystematik ausreicht, um die Versorgungssicherheit zu gewährleisten, sowie die vertraglichen Rahmenbedingungen eingehalten werden.

2.4 Implementierung

Nachdem in der Planungsphase die Routen geplant, die Tätigkeiten definiert worden sind und die Steuerungssystematik festgelegt worden ist, kann nun ein Implementierungsplan erstellt werden. Dabei sollten neben einer Feinplanung auch die Grundlagen für einen kontinuierlichen Verbesserungsprozess gelegt werden.

Layout und Feinplanung Ergebnisse dieses Teilschritts können Tätigkeitsbeschreibungen für die Mitarbeiter und visuelle Unterstützungen wie Fahrwegmarkierungen, Haltestellenzeichen etc. sein. Ebenso muss in diesem Schritt eine Konkretisierung der technischen Umsetzung erfolgen. Eine Einbindung der beteiligten Mitarbeiter bei der Implementierungsplanung hilft dabei, auch die Bedürfnisse des Faktors Mensch bestmöglich zu berücksichtigen und damit eine hohe Umsetzungsqualität und Nachhaltigkeit zu erzielen.

Ein erster Schritt für die Feinplanung ist eine Validierung der für die Planung angenommen Grundlagen (z. B. Zeiten). Das kann z. B. durch eine Simulation des geplanten Prozesses mit einem Gabelstapler geschehen, sofern noch keine Routenzüge vorhanden sind. Bei solchen Tests können auch gleichzeitig Herausforderungen für Routenzüge deutlich werden wie z. B. benötigte Fahrwegbreiten und Wendepunkte. Bei der Feinplanung auf Basis der Tests sollte auch gleich auf Vermeidung von Verschwendung im Sinne des Lean Managements geachtet werden. So kann z. B. das Layout des Quellenhaltepunkts so gestaltet werden, dass der Routenzugfahrer immer nur auf einer Seite aussteigen muss und die Laufwege zu den zu kommissionierenden Materialien möglichst gering sind.

Gleichzeitig kann diese Validierung bereits die Erfahrungen der beteiligten Mitarbeiter in die Umsetzungsplanung mit einbeziehen. Durch diese Einbindung der am Prozess beteiligten Mitarbeiter aus Logistik und Produktion als den Kundenprozessen kann die Umsetzungsqualität nochmals erhöht werden. Denn zum einen haben diese Mitarbeiter detaillierte Informationen über den Prozess und mögliche Herausforderungen, an die der Planer nicht gedacht hat, und zum anderen legt eine Einbindung der Mitarbeiter die Grundlage für eine Identifikation mit dem Prozess. Das wiederum ist eine wichtige Voraussetzung für eine reibungslose Umsetzung und einen funktionierenden kontinuierlichen Verbesserungsprozess (KVP). Darüber hinaus können dabei sowohl unter Lean- als auch Ergonomie-Aspekten gute Lösungen für die Gestaltung der Anhänger bei der Be- und Entladung entwickelt werden oder Visualisierungslösungen entwickelt werden, die Fehler bei der Bereitstellung von vornherein vermeiden helfen.

Ein Instrument, das sich für die Implementierungsplanung anbietet ist ein Projektplan, in dem alle wesentlichen Schritte enthalten und die Verantwortlichen definiert sind. In diesem Implementierungsplan ist auch ein Notfallkonzept zu berücksichtigen, wenn Komplikationen bei der Umsetzung auftreten. Das kann von zusätzlichen Mitarbeitern und Staplern über zunächst höhere Reichweiten der Bestände in der Produktion reichen, die später sukzessive abgebaut werden. Aufgrund der Erfahrung mit bisherigen Projekten können auch die Hersteller von Routenzugsystemen eine gute Quelle von Erfahrungen und Ideengeber sein.

Die in der Feinplanung erarbeiteten Ergebnisse sind dann eine gute Grundlage für die Erstellung eines detaillierten Business-Cases für die Überprüfung der Wirtschaftlichkeit des Einsatzes eines Routenzugs. Bei dem Business Case sind bei den Kosten für die Einführung eines Routenzuges neben den Investitionskosten für den Routenzug auch Projektkosten und ggf. die Kosten für die Anpassung der IT-Infrastruktur als Einmalkosten anzusetzen. Bei den laufenden Kosten sind neben der Wartung der Züge hauptsächlich die Personalkosten für den Betrieb des Routenzugs zu kalkulieren. Aufgrund der höheren Kapazität werden im Vergleich zur Materialbereitstellung mit Staplern häufig Einsparungen erzielt werden können. Daneben können noch Effekte einkalkuliert werden, die nur durch eine Einführung des Routenzugs möglich sind. Darunter fallen z. B. eine Reduzierung der Umlaufbestände sowie eine Reduzierung der benötigten Logistikfläche in der Produktion. Diese kann durch eine Reduzierung der Bestandsreichweite aufgrund einer höheren Taktung und einer höheren Sicherheit in der Materialversorgung erzielt werden.

Implementierung und Optimierung In dieser Phase muss das geplante Routenzugsystem eingeführt werden. Wie oben bereits beschrieben, bietet es sich an, für die Einführungsphase ggf. Notfallpuffer wie z. B. höhere Bestände an den Bereitstellorten oder ein Backup durch Stapler einzuplanen. Wenn sich das System allerdings in einem stabilen Zustand bewegt, dann sollten diese Sicherheitsbestände wieder abgebaut werden, da sie sonst Prozess-Unschärfen überdecken.

Darüber hinaus könnten bei bereits implementierten Systemen weitere Optimierungsmöglichkeiten geprüft werden. Der Vorteil von Routenzügen ist die hochfrequente und gleichmäßig sichere Versorgung. Diese Vorteile können insbesondere dazu genutzt werden, um die an den Bereitstellorten in der Produktion vorgehaltenen Bestände weiter zu reduzieren. Unter anderem sind folgende Stellhebel denkbar:

- Behältergrößen: Durch eine Analyse der Behälterreichweiten kann ermittelt werden, welche Materialien eine außergewöhnlich hohe Reichweite haben. Bei diesen Materialien kann geprüft werden, ob die Behältergröße reduziert werden kann.[8] Damit könnte durch die höhere Frequenz der Bereitstellung der Bestand am Bereitstellort reduziert und auch die Durchlaufzeit reduziert werden sowie die Prozesssicherheit verbessert werden. Im Beispiel ist dies bei den Teilen E und F der Fall. Da diese auch im GLT angeliefert werden, wäre hier die Frage, ob eine Umstellung auf KLT möglich ist, um zum einen den Bestand an der Linie zu reduzieren und zum anderen den Engpass der GLT-Kapazität des Routenzugs zu entlasten.
- Kürzere Taktung: Wie oben bereits beschrieben, kann ein ähnlicher Effekt mit einer kürzeren Taktung der Züge erreicht werden. Damit die Prozesssicherheit nicht gefährdet wird, sollte aber darauf geachtet werden, dass eine möglichst „gerade" Taktzeit wie z. B. 30 oder 60 min gewählt wird und diese – sofern mehrere Routenzüge im Einsatz sind – auch für alle Züge gleich ist. Dadurch herrscht für die Beteiligten eine hohe Planbarkeit. Und gleichzeitig können die Routen so abgestimmt werden, dass nicht möglicherweise mehrere Züge die gemeinsame Quelle blockieren. Durch eine Entlastung des Engpasses der GLT-Kapazität kann auch nochmals eine Verkürzung der Taktung des Routenzugs geprüft werden.
- Entkoppeln von Beladung und Fahren: Wie oben bei der Steuerung auch bereits dargestellt, kann eine höhere Frequenz auch durch eine arbeitsteilige Entkopplung von Beladen des Zuges und Fahren erzielt werden. Dabei ist aber darauf zu achten, dass keine Ungleichgewichte in der Auslastung entstehen, und es ist dann auch einzukalkulieren, dass ggf. ein weiterer Mitarbeiter an der Quelle zusätzlich benötigt wird.

---

[8]Als Daumenwert kann bei einem Zwei-Behälter-KANBAN-System angenommen werden, dass der Behälterinhalt eine Reichweite haben sollte, die in etwa der Wiederbeschaffungszeit entspricht.

Weiterhin kann im laufenden Betrieb im Sinne des Lean-Managements Verschwendung im Prozess analysiert werden und können die Zeiten für die einzelnen Tätigkeiten weiter reduziert werden, um kürzere Takte und eine höhere Frequenz zu erzielen. Dabei können auch bauliche Gegebenheiten infrage gestellt werden.

In der letzten Phase der Implementierung des beispielhaften Routenzugsystems werden hauptsächlich das Layout und die Routenplanung fokussiert. Wichtig ist zunächst, den Standardprozess erfolgreich einzuführen. Im Anschluss daran können mögliche Optimierungspotenziale ausgearbeitet werden. Dazu werden in Kap. 3 einige Ideen betrachtet.

Beim Anlauf der Versorgung der Beispielanlage gibt es einige Schritte, die zu beachten sind, um den Einsatz des Routenzugs an der neuen Anlage gewährleisten zu können. Dazu gehören die Festlegung der optimalen Route inklusive Markierung von Fahrwegen, Haltestellen und Behälterstellplätzen sowie die Anbringung der Behälterlabels an der Anlage. Im vorliegenden Beispiel sind auch zusätzliche Trolleys für die Sonderbehälter notwendig, da deren Maße von jenen der im Werk bereits verwendeten Behältern abweichen.

Zur Definition der optimalen Route an der neuen Anlage wird zunächst ein Fahrversuch mit dem Routenzug durchgeführt, um zu testen, ob und wie gut der Routenzug die geplante Route abfahren kann, und um geeignete Haltestellen definieren zu können. Im Fahrversuch wird der Routenzug mit vier Anhängern betrieben, wovon ein Anhänger mit dem KLT-Regal belegt ist und die anderen drei mit GLT. Im Versuch zeigte sich, dass sämtliche Kurven unkritisch sind. Zudem ist es notwendig einen Gehweg am Ende der Halle zu verlegen, damit dieser nicht vom Routenzug befahren wird. Als Rahmenbedingungen für die Route gilt – soweit machbar – die Regel des Einbahnstraßenverkehrs und es sollte darauf geachtet werden, dass möglichst selten – bestenfalls nie – eine gemeinsame Nutzung von Wegen des Routenzugs und Staplers erfolgt. Lediglich bei beispielsweise Werkzeugwechsel von umliegenden Anlagen wird der Weg auch kurzzeitig von Staplern befahren. Bei Anlauf der Anlage ist geplant, die Materialien zunächst in den bereits bestehenden Routenzug einzubinden. Bei voller Auslastung der Anlage wird hierfür jedoch ein extra Routenzug einzusetzen sein. Unter den genannten Restriktionen ergibt sich somit die in Abb. 2.8 dargestellte Route.

Es befinden sich insgesamt vier Haltestellen auf der Route um die Anlage: zwei Haltestellen an den langen Seiten für die Teile A, B, C, E und F sowie zwei Haltestellen für die Teile D bzw. G an den kurzen Seiten. Die Anhänger des Routenzugs für die Varianten X und Y werden so angehängt, dass sie nach rechts geöffnet sind und somit der Routenzug immer von rechts be- und entladen werden kann und somit die Handlingszeit für den Routenzugfahrer möglichst

Halle U – Haltestellen und Bereitstellorte

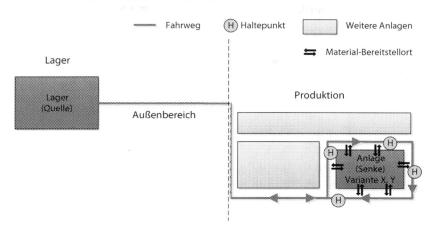

Abb. 2.8 Zukünftige Route für Routenzug

gering gehalten wird. Dazu werden neue Haltestellenmarkierungen erforderlich. Die Haltestellen werden am Boden markiert und befinden sich wie in Abb. 2.9 ersichtlich.

Um die Anlage ideal mit Material zu beliefern, wird in einer Schleife um die Anlage herumgefahren. Dadurch wird gewährleistet, dass der Routenzugfahrer keine langen Transportwege zum Behälteraustausch hat und somit auch ergonomisch optimal unterstützt wird. Die in Abb. 2.5 dargestellte Beladereihenfolge

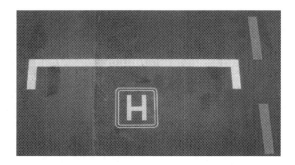

Abb. 2.9 Haltestellenmarkierung am Boden

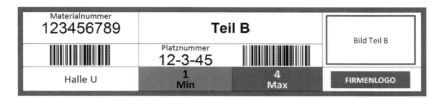

Abb. 2.10 Regallabel an neuer Anlage

wird eingehalten, sodass die Wege für den Routenzugfahrer möglichst gering sind und keine Zeit verschwendet wird.

An die Stellplätze der Anlage werden Regallabels angebracht, die mit den jeweiligen Materialbezeichnungen, Teilenummern (inkl. Barcode), Platznummern (inkl. Barcode) und Minimal- bzw. Maximalbestand versehen sind (Abb. 2.10).

Die aufgedruckten Barcodes dienen dem Routenzugfahrer zur Bestätigung des erfolgten Abladens der Behälter. Zur leichteren Zuordnung befinden sich auf den Labels zusätzlich ein Bild des Teils und der Ort (hier Halle U). Dadurch wird ein Vertauschen der Behälter vermieden und die Qualität der Auslieferung sichergestellt.

Ausblick auf Industrie-4.0-Lösungen   3

Wie aus dem Verbrauch der Planzahlen zu entnehmen ist, wird im Jahr 3 der Maximalbedarf erreicht. Obwohl dort eine Flexibilitätsreserve eingerechnet wurde, besteht die Gefahr eines Engpasses bzw. eine Chance für weitere Verbesserungen, um den Routenzug für weitere Tätigkeiten einsetzen zu können. Hierzu können Möglichkeiten geprüft werden, wie neue Technologien eingesetzt werden können, um den Prozess weiter zu verbessern und freie Kapazitäten zu erzeugen.

Insbesondere digitale Technologien werden dabei zum Schlüsselfaktor komplexer Logistikprozesse.[1] In Zukunft ist auch bei Logistikprozessen die Industrie 4.0 nicht mehr wegzudenken. Dort erfolgt die Kommunikation über das Internet der Dinge[2] in einer Smart Factory, die mit einer kognitiven Logistik verknüpft ist. Die logistischen Systeme können sich so schnell und flexibel an ihr volatiles Umfeld anpassen und sich dahin gehend immer wieder selbst optimieren.[3] Voraussetzung dafür ist allerdings ein hoher Grad an Transparenz der Daten und Prozesse. Erfolgt eine Kommunikation von Daten über Inter- oder Intranet, so kann eine Lean Production zusammen mit Lean Logistics in allen Bereichen vollzogen werden. Dazu bieten sich verschiedene Ansätze. Zum einen ermöglicht die Digitalisierung autonome Transportfahrzeuge, wie beispielsweise autonome Gabelstapler, Routenzüge oder Fahrerlose Transportsysteme (FTS). Auch ERP-Systeme können unterstützende Optimierungen bringen. Außerdem gibt

---

[1]Vgl. Rumpelt (2017, S. 53).

[2]Das Internet der Dinge, engl. Internet of Things (IoT), ist die technische Vision, Objekte in ein universales digitales Netz zu integrieren; vgl. Gabriel et al. (2010, S. 7).

[3]Vgl. Günthner et al. (2014, S. 297 f.).

© Springer Fachmedien Wiesbaden GmbH, ein Teil von Springer Nature 2018   43
T. Liebetruth und L. Merkl, *Routenzugplanung*, essentials,
https://doi.org/10.1007/978-3-658-22199-7_3

es verschiedene Wearables[4], die den Mitarbeiter unterstützen und Prozesszeiten einsparen. Im Folgenden wird ein kurzer Ausblick auf die genannten Lösungen gegeben und der Einsatz für das Beispiel diskutiert.

3.1   Autonome Transportfahrzeuge

Durch die derzeit schnelle Weiterentwicklung der Informations- und Kommunikationstechnologien wird auch für Routenzugsysteme eine Teil- oder Vollautomatisierung erleichtert. Der Fortschritt in Sensorik und Bildverarbeitung trägt ebenso einen wichtigen Anteil dazu bei. Beispielsweise ist eine automatische Be- und Entladung der Trolleys von verschiedenen Herstellern bereits möglich.[5] Ebenso bieten sie die Möglichkeit, auch den Routenzug selbst als Fahrerloses Transportfahrzeug (FTF) auszuführen. Diese automatisierten Routenzugkonzepte sind allerdings derzeit noch mit sehr hohen Kosten verbunden und gleichzeitig müssen dabei auch Sicherheitsthemen, wie beispielsweise die Verkehrsregelung, kritisch betrachtet werden.[6] Zudem sind die Kommunikation der FTF untereinander, der Einsatz im Außenbereich und das Aufkommen von Querverkehr eine Herausforderung. Lösungen für den KLT-Transport sind ebenfalls derzeit nur gering vorhanden. Eine auf der LogiMAT[7] vorgestellte Vision eines Transportmittelherstellers ist die Kombination von FTS und Routenzug. Dabei fährt ein Routenzug mit FTS autonom vernetzt. Die FTS verteilen die Trolleys mit dem benötigten Material zu den Bereitstellorten. Gleichzeitig können andere Materialien oder leere Behälter zum Routenzug transportiert werden. Das bedeutet, dass ein zeitgleiches Be- und Entladen möglich ist und kein manuelles Bewegen der Trolleys mehr notwendig wird. Da die FTS für Transportaufgaben über längere Distanzen nicht einsetzbar sind, erfolgt deshalb eine Bereitstellung an den Einsatzorten oder die FTS fahren auf dem Routenzug mit und können

---

[4]Ein Wearable ist ein tragbares Computersystem wie beispielsweise Smartwatch oder Smartglasses und unterstützt bei einer Tätigkeit durch Informationen, Auswertungen oder Anweisungen (Gabler Wirtschaftslexikon; Herausgeber: Springer Gabler Verlag).

[5]Vgl. Barck (2016).

[6]Vgl. Barck (2016).

[7]LogiMAT ist eine internationale Fachmesse für Intralogistik-Lösungen und Prozessmanagement.

dabei wieder aufgeladen werden. Dadurch ist an den Bereitstellorten eine gleichzeitige Be- und Entladung mehrerer Behälter möglich. Durch die Kombination von Geschwindigkeit und Kraft kann somit eine hohe Lieferfrequenz erreicht werden. Auf lange Sicht ist die Verbindung von Routenzug und FTS eine interessante Möglichkeit, innerbetrieblichen Transport vor allem von GLT zu optimieren. In Verbindung mit Track-&-Trace-Lösungen ließen sich die einzelnen Behälter auf den Routenzügen nachverfolgen und somit auch die Auslastung der Routenzüge überwachen. Ungenutzte Kapazitäten können somit ermittelt werden und durch eine Optimierung der Prozesse ließe sich dann die Auslastung erhöhen.

3.2 Wearables

Ein Beispiel für die Erleichterungen durch die Vereinfachung von Teilprozessen durch sogenannte „Wearables" ist der Einsatz eines Scanhandschuhs beim Gegenscannen der Behälter während der Auslieferung der Ware durch den Routenzug. Derartige Handschuhe sind intelligente Arbeitshandschuhe, die auf dem Handrücken mit einem Scanner versehen sind und durch einen am Handschuh selbst befindlichen Knopf ausgelöst werden können (Abb. 3.1). Zudem gibt es aufgrund hoher Kosten wegen häufigen Verschleißes auch Überziehhandschuhe, die über einem herkömmlichen Arbeitshandschuh oder ohne Handschuh getragen werden können.

Dieses System hat einige Vorteile sowie auch Nachteile. Gewinnbringend ist der Einsatz des Scanhandschuhs in Bezug auf eine Zeitersparnis pro Scanvorgang von vier bis fünf Sekunden durch das Wegfallen des Ablegens und Aufnehmens im Vergleich zu einem üblichen Scangerät. Dadurch wird die wertschöpfende Zeit erhöht. Auch die ergonomischen Bedingungen werden verbessert, da der Benutzer beide Hände für die wertschöpfenden Tätigkeiten frei hat. Dank der Möglichkeit eines optischen, akustischen und haptischen Feedbacks in Echtzeit

Abb. 3.1 ProGlove

kann zudem die Qualität der Prozesse gesteigert werden, da dem Bediener gemeldet werden kann, ob der Arbeitsschritt richtig ausgeführt wurde.[8]

Nachteilig zeigt sich bei aktuellen Geräten, dass sowohl die Handschuhe als auch die Überziehscanner regelmäßig und aufgrund von Verschleiß neu beschafft werden müssen, was bei einer Kostenbetrachtung berücksichtigt werden sollte. Die Haltbarkeit wird in der Logistik derzeit auf zwei bis vier Wochen bei Handschuhen und vier bis acht Wochen bei Überziehhandschuhen geschätzt. In nächster Zeit wird es auch Scanhandschuhe mit einem integrierten Bildschirm geben. Dadurch wäre es möglich, eine Rückmeldung über den Scanprozess direkt am Scanner zu sehen und gegebenenfalls auch Eingaben zu tätigen. Vor einer Einführung dieses Handschuhs ist es wichtig, die dafür notwendigen Rahmenbedingungen, wie beispielsweise Platz- und Behälterlabel sowie Systemschnittstellen vorzubereiten.

Durch dieses System würde für das betrachtete Beispiel eine Zeitersparnis bei den Scanvorgängen erzielt und somit eine Reduzierung der Zykluszeit des Routenzugs erreicht werden können. Reduziert sich die aktuelle Scanzeit, so verringern sich auch die Handlingszeit an der Senke und somit die Zykluszeit des Routenzugprozesses. Unter der Annahme, dass bei jedem Scanvorgang fünf Sekunden eingespart werden können, würde bei durchschnittlich sieben Scanvorgängen die Route um etwa eine halbe Minute oder 3 % reduziert werden können. Auf das Jahr gesehen könnten für diese Anlage etwa 90 h des Routenzugfahrers eingespart werden (245 Arbeitstage × 2 Schichten pro Arbeitstag × ca. 22 Touren pro Schicht × 0,5 min).

---

[8]Vgl. Kirchner (2015); Mennecke (2016); Munich Startup (2017).

Zusammenfassung

In diesem *essential* wurden zum einen die Grundlagen zur administrativen Planung von Routenzugsystemen zusammengefasst. Zum anderen wurden diese anhand eines an die Praxis angelehnten Beispiels angewendet. Das *essential* zeigt ebenso Gestaltungsfelder und Gestaltungsmöglichkeiten eines Routenzugs. Im Beispiel wurde auf Basis bereits bestehender Routenzüge die Anbindung einer neuen Anlage geplant und die Routenzugversorgung dahin gehend mithilfe der gezeigten Berechnungsgrundlagen entsprechend geplant und dimensioniert. Durch die Anwendung der vorgestellten Planungsvorgehensweise anhand der Schritte Analyse, Planung und Implementierung konnten im Beispiel die Laufwege und Bestände so gestaltet werden, dass durch die schlanken Prozesse eine möglichst hohe Effizienz im Sinne des Lean Enterprise erreicht wird. Abschließend wurden Möglichkeiten von Lösungen aus dem Bereich Industrie 4.0 dargestellt und eingeordnet.

© Springer Fachmedien Wiesbaden GmbH, ein Teil von Springer Nature 2018
T. Liebetruth und L. Merkl, *Routenzugplanung,* essentials,
https://doi.org/10.1007/978-3-658-22199-7

Was Sie aus diesem *essential* mitnehmen können

- Zusammenfassung der Gestaltungsfelder und -möglichkeiten von Routenzugsystemen
- Darstellung der Grundlagen der administrativen Planung von Routenzugsystemen
- Anwendung der Routenzugplanung an einem praxisnahen Beispiel
- Ausblick auf Routenzug und Industrie 4.0

© Springer Fachmedien Wiesbaden GmbH, ein Teil von Springer Nature 2018   49
T. Liebetruth und L. Merkl, *Routenzugplanung,* essentials,
https://doi.org/10.1007/978-3-658-22199-7

Literatur

Barck, R. (2016). Von Bahnhof zu Bahnhof. *Logistik Heute, 2*(2016), 58–59.

Brunner, F. (2014). *Japanische Erfolgskonzepte* (3. Aufl.). München: Hanser.

Dewitz, M., Günthner, W. A., & Arlt, T. (2014). Fahrplanoptimierung für innerbetriebliche Routenverkehre. *Logistics Journal 2014.*

Gabler Wirtschaftslexikon; Herausgeber: Springer Gabler Verlag. (kein Datum). Wearables, online im Internet. Abgerufen am 13.02.2018. http://wirtschaftslexikon.gabler.de/Archiv/-2046631402/wearable-v4.html.

Gabriel, P., Gaßner, K., & Lange, S. (2010). *Das Internet der Dinge – Basis für die IKT-Infrastruktur von morgen.* Berlin: Institut für Innovation und Technik.

Günthner, W. A. (2013). *Schlanke Logistikprozesse – Handbuch für den Planer.* Berlin: Springer.

Günthner, W. A., & Boppert, J. (2013). *Lean Logistics – Methodisches Vorgehen und praktische Anwendung in der Automobilindustrie.* Berlin: Springer.

Günthner, W. A., & Keuntje, C. (2016). *IntegRoute – Ganzheitliche Konzeptauswahl für Routenzugsysteme zur Produktionsversorgung.*München: fml-Lehrstuhl für Fördertechnik Materialfluss Logistik.

Günthner, W. A., Klenk, E., & Galka, S. (2012). *Stand und Entwicklung von Routenzugsytemen für den innerbetrieblichen Materialtransport.* München: Printy GmbH.

Günthner, W. A., Klenk, E., & Tenerowicz, P. (2014). Adaptive Logistiksysteme als Wegbereiter der Industrie 4.0. In T. Bauernhansl et al. (Hrsg.), *Industrie 4.0 in Produktion, Automatisierung und Logistik* (S. 297–323). Wiesbaden: Springer.

Huss, W. (2017). IFOY Award. Innovation Flurförderzeuge. *Logistra, 5–6*(2017), 22–23.

Keuntje, C., Kelterborn, M., & Günthner, A. W. (2016). Integrierte Planung von Routenzugsystemen. *Industrie 4.0. Management, 5*(2016), 32–36.

Kirchner, T. (2015). ProGlove – Technology. Abgerufen am 03.07.2017. http://www.proglove.de/product/technology.

Koether, R. (2011). *Taschenbuch der Logistik.* München: Hanser.

Liebetruth, T. (2015). *Planung von Routenzügen in Materialwirtschaft und Logistik.* Kissing: WEKA Media GmbH & Co. KG.

Mennecke, S. (2016). Deutscher Gründerpreis Preisträger ProGlove. Abgerufen am 17.05.2017. https://www.deutscher-gruenderpreis.de/preistraeger/2016/proglove/.

Munich Startup. (2017). Porträt ProGlove oder: Der Handschuh, der mitdenkt. Abgerufen am 22.07.2017. http://www.munich-startup.de/14820/proglove-oder-der-handschuh-der-mitdenkt/.

Rumpelt, T. (2017). Logistik 4.0 serienreif. *Automobil Industrie, 3*(2017), 53–55.

Schneider, M. (2016). *Lean factory design*. München: Hanser.

Seebauer, P. (2011). Weniger Stapler. *Logistik Heute, 9*(2011), 38–39.

Steinberg, U., Schultz, K., & Jakob, M. (2007). Bundesanstalt für Arbeitsschutz und Arbeitsmedizin – Leitmerkmalmethode Manueller Arbeitsprozesse. Abgerufen am 29.07.2017. https://www.baua.de/DE/Angebote/Publikationen/Berichte/F1994.html;jsessionid=04D-D13389429CB26D94E1CA2551A8254.s2t2.

VDI-Gesellschaft Produktion und Logistik (GPL). (2016). *Routenzugsysteme – Blatt 1 – Grundlagen, Gestaltung und Praxisbeispiele*. Berlin: Beuth.

Verkehr Defacto. (2016). Routenzug statt Hubstapler. *Verkehr Defacto, 19.02.2016*, S. 4.

Printed in the United States
By Bookmasters